★★★ 全国职业教育经济管理类专业核心课系列教材

主　审　张文光　夏祥霖　任延东

主　编　夏　青

副主编　刘林芳　周　强

编　委　武丽荣　丁亚琼

兰州大学出版社

SHICHANGYINGXIAO

市场营销

zhiyejiaoyu jiaocai

图书在版编目(CIP)数据

市场营销/夏青主编. —兰州:兰州大学出版社,
2013.7(2017.7重印)
ISBN 978-7-311-04208-0

Ⅰ.①市… Ⅱ.①夏… Ⅲ.①市场营销学 Ⅳ.
①F713.50

中国版本图书馆CIP数据核字(2013)第176312号

责任编辑 郝可伟
封面设计 张友乾

书　　名 市场营销
作　　者 夏　青　主编
出版发行 兰州大学出版社　(地址:兰州市天水南路222号　730000)
电　　话 0931-8912613(总编办公室)　0931-8617156(营销中心)
　　　　 0931-8914298(读者服务部)
网　　址 http://www.onbook.com.cn
电子信箱 press@lzu.edu.cn
印　　刷 虎彩印艺股份有限公司
开　　本 787 mm×1092 mm　1/16
印　　张 11.5
字　　数 260千
版　　次 2013年7月第1版
印　　次 2017年7月第2次印刷
书　　号 ISBN 978-7-311-04208-0
定　　价 28.00元

序

随着我国教育改革的不断深化，尤其是社会与经济高速发展的今天，由于新经济环境下对人才需求层次多样化的客观要求，使得我国的职业教育得到了迅速的发展。职业教育经历了由专业教育向职业教育的转化，其办学模式、培养目标、人才模式等也都发生了相应变化，而人才培养模式的转换必须通过教学内容和教学方式等途径来实现。因此，作为教学内容载体的教材建设，其定位的基础必须是职业教育培养目标。

职业教育培养目标是使受教育者成为具备某一职业和工作岗位所需要的职业基础知识和技术能力，以及德、智、体全面发展的中初级应用型、技术型人才。对照这一培养目标，立足"以就业为目标，以市场为导向，以服务为宗旨"的出发点，考虑到目前职业教育对象的素质特征，我们目前所使用的教材，大多数仍是按照过去中职或高职培养专业人才的结构和体系，过于追求学科体系的系统性和完整性，职业教育特点不突出，滞后于时代的发展、市场的需求。

基于对上述客观要求的理性思考，职业学校的教学应更加符合市场对人才的要求，以"实用、适用、够用、可教"为原则，根据就业岗位的工作思路，从通识、原理、职能到方法，使学生易于理解、掌握和实践，即"能力目标—技能训练—学生主体"，培养出有能力、有技术、有责任的学生，实现专业教学与学生就业岗位零距离的目标。

一套有强大生命力的教材，应该以满足读者的需要为宗旨，不断适应环境的变化。本系列教材、实训教程及习题，是在吸收财会理论界近年来所取得的一些理论成果的基础上，借鉴了同类教材的先进经验，组织了长期在教学一线工作并有着丰富教学经验的教师编写而成，是职业教育课程教学改革的重要成果。本系列教材汇集了几代学人的智慧结晶，教材中所列的教学案例，阐述的观点方法，既是教研成果，又是实践积累，并经过实践证实具有明显的教学效果。

教材编写是一项复杂而又细致的工作，我们仍需要不断探索、不断总结、不断完善。由于时间急促、水平有限，教材中难免存在疏漏甚至错误，尚祈赐教，同时对各位作者和出版社的辛勤劳动深表谢意。

成果的展示，是“智慧之晶”的丰收，更是开启“思想之光”的新开端，未有穷尽，我们将不断努力，勇于拼搏，为职业教育的发展做出贡献！

2013年7月

序文作者张文光为中国注册会计师、高级审计师、包头财经信息职业学校校长。

前言

市场营销学属应用性学科，起源于20世纪初的美国。它的理论构建在经济科学、行为科学和现代管理理论等基础之上，深具综合性与实践性的特点。该门课程是经济管理类专业的专业基础课。为更好地完成教学任务，在组织教学时，应将理论讲授与学生实践有机结合，通过参加企业的营销实践、模拟演练、案例分析等形式，实现师生互动，加强学生对理论知识的理解和实践技能的掌握，理论教学与实践教学的比例为7:3。作为一个专业，其培养目标定位于适应社会主义市场经济需要，有较强的业务能力，具备一定的专业素养和能力，能从事工商业、服务业等领域的市场开发、营销管理、营销咨询策划等专业所需要的应用型专门人才。根据职业类学校学生的能力和知识接受特点，本书在编写过程中引用大量案例分析和故事性主题导入，融合图片和各类图表，以达到一目了然、易学好记忆的目的。

本书主要介绍市场营销学基本原理，在课程中结合市场营销理论的最新发展，全面系统地研究新的概念和方法，同时注意吸收国内外在本学科研究中最新的前沿研究成果，结合我国市场营销发展实践，阐述市场营销学基本的构架和学科体系，对经典的营销理论进行全面而深入的探讨。

本书知识点丰富，连贯性较强，主要是以市场调查、产品策略、价格策略、分销渠道策略、促销策略为主线进行授课。在讲授产品策略时，采取案例教学的形式，通过营销学的经典案例作为引导，使学生掌握产品生命周期的概念及其各阶段的营销对策。在讲授分销渠道策略时，采用图片向学生展示，使学生能够直观地理解分销渠道。在学生熟悉市场营销相关理论知识后，通过对相关案例的综合分析，使学生掌握市场调查方法、市场细分方法、目标市场选取等综合性知识。一些章节穿插市场营销学新概念，介绍了绿色营销、服务营销、关系营销、概念营销、网络营销的主要内容及其应用领域。

本书共分为九章，第一、七、八章由夏青编写，第三、四、五章由刘林芳编写，第二、六、九章由周强编写；主审由张文光、夏祥林、任延东担任。

最后，对本书编写过程参考的专著、论文及报纸、杂志、网站等资料的作者表示感谢！

由于我们水平有限，本书难免有不足或疏漏之处，敬请读者批评指正。

编者

2013 年 7 月

目录

第一章 市场营销概述

【学习目标】

* 掌握市场营销学的两个最基本的概念:市场和产品。
* 掌握市场营销的概念以及市场营销学的一组核心概念:需要、欲望和需求;交换和交易;市场营销组合。
* 了解不同营销观念产生的背景条件,掌握不同营销观念的核心思想,明确不同营销观念的区别。

1.1 市场与产品

【引导案例】

这是营销界尽人皆知的一个寓言故事:

两家鞋业制造公司分别派出了一个业务员去开拓市场,一个叫杰克逊,一个叫板井。在同一天,他们两个人来到了南太平洋的一个岛国,到达当日,他们就发现当地人全都赤足,不穿鞋!从国王到贫民、从僧侣到贵妇,竟然无人穿鞋子。当晚,杰克逊向国内总部老板拍了一封电报:“上帝呀,这里的人从不穿鞋子,有谁还会买鞋子?我明天就回去。”板井也向国内公司总部拍了一封电报:“太好了!这里的人都不穿鞋。我决定把家搬来,在此长期驻扎下去!”两年后,这里的人都穿上了鞋子……

从该寓言中你能否大致了解市场营销的内涵?

1.1.1 市场

一、市场的概念

现代经济学所说的市场是指一切交换关系的总和，主要由“卖方”和“买方”两大群体构成。在市场营销学中，对“市场”概念的认识是站在企业（卖方）角度，所以市场就主要是由顾客群体（买方）所构成，即市场等同于需求。市场营销学中的市场是指某种商品所有实际和潜在的购买者的需求总和。

二、市场的构成要素

市场营销学认为衡量一个市场的规模大小，有三个主要尺度：人口、购买力、购买欲望。

用公式表示就是：市场=人口+购买力+购买欲望。

人口是构成市场的基本要素，人口的多少，决定着市场的规模和容量，而人口的构成及其变化则影响着市场需求的构成和变化。购买力是指消费者支付货币以购买商品或劳务的能力，是构成现实市场的物质基础。购买力的高低是由消费者的收入水平决定的。所以购买力是构成市场的又一个重要因素。购买欲望是指消费者购买商品或劳务的动机、愿望和要求，它是使消费者的潜在购买力转化为现实购买力的必要条件。人口再多，购买力水平再高，如果对某种商品没有需求的动机，没有购买商品的欲望，也形成不了购买行为，这个商品市场实际上也就不存在。从这个意义上讲，购买欲望是决定市场容量最重要的因素。

总之，市场容量的大小，完全受上述三个因素的制约，只有当这三个因素一个不少地有机结合时，才能使观念上的市场变为现实的市场，才能决定市场的规模和容量。

三、市场的分类

根据市场范围划分：本地市场和外地市场、区域市场和全国市场、城市市场和农村市场、国内市场和国际市场。根据购买目的不同划分：消费者市场、组织市场。组织市场又可分为：

1. 生产者市场（生产资料市场、工业品市场或产业市场）：是指购买产品或服务用于制造其他产品或服务，然后销售或租赁给他人以获取利润的单位和个人。

2. 中间商市场：是指购买产品用于转售或租赁以获取利润的单位和个人。

3. 政府市场：是指为了执行政府职能而购买或租用产品的各级政府和下属部门。

4. 非营利组织市场：是指为了维持正常运作和履行职能而购买产品和服务的各类非营利组织所构成的市场。

1.1.2 产品

一、产品的概念

人类靠产品来满足自己的各种需要和欲望。然而产品不仅仅是指看得见摸得着的物质产品，也包括那些能使人们的需要得到满足的无形服务甚至是思想等。因此，我们可以这样理解产品：产品是指能够提供给市场，并用于满足人类需要或欲望的任何东西，包括有形产品和无形产品。例如人们会花几千元的钱去购买一台大屏幕的彩电来满足休闲娱乐的需要，也可以花费同样的代价去进行一次长途旅游，以同样达到休闲娱乐之目的。

二、产品的分类

我们可以依据购买者的身份及产品的用途把产品分成两大类：消费品和工业品。消费者为个人和家庭的生活消费而购买的产品就是消费品。市场营销的核心是消费者，企业的一切经济活动要以消费者的需求为前提。市场营销学根据消费者在购买产品时的购买行为特征把消费品划分为三种类型：

第一，便利品，即我们通常所说的“日用品”，这是指那些价格较低廉，消费者需要经常购买的产品。消费者在购买此类产品时希望花费的时间越少越好，而且还希望此类产品能够方便购买。例如，肥皂、洗衣粉、牙膏、饮料等就是属于此类商品。

第二，选购品，就是指消费者愿意花费较多的时间去购买的商品。在购买之前，消费者要进行反复比较，比较注重产品的品牌与产品的特色。一般来说，选购品价格较高，消费者在购买时花费的时间也就比较长。服装、家电产品等是典型的选购品。

第三，特殊品，这是指那些具有独特的品质特色或拥有知名商标的产品。消费者对这类产品注重它的商标与信誉，而不注重它的价格，在购买时，愿意努力去寻找。如精工牌手表、金利来领带、雅诗兰黛化妆品等等。

此外，人们也可以从产品使用的年限和产品形态的角度把消费品分为非耐用品、耐用品和劳务。从市场营销的角度来看，产品概念是以需要的满足为核心的，并随着需要的扩展和变化而发展，顾客需要的层次性、复杂性和多变性就决定了产品概念也是不断发展和变化的，只有从这样的角度去认识产品的概念，企业才能真正掌握市场的主动权。

【课堂练习】

单项选择题

从市场营销的角度看，市场就是 （ ）

A. 商品买卖的场所　　B. 商品交换关系的总和

C. 需求　　D. 买卖的推销过程

1.2 市场营销的核心概念

[引导案例]

海尔洗衣机是我国洗衣机行业跨度最大、规格最全、品种最多的产品。在洗衣机市场上，海尔集团根据不同地区的环境特点，考虑不同的消费需求，提供不同的产品。针对农村市场，研制开发了下列产品：①“大地瓜”洗衣机，适应盛产红薯的西南地区农民图快捷省事，在洗衣机里洗红薯的需要；②小康系列滚筒洗衣机，针对较富裕的农村地区；③“小神螺”洗衣机，价格低、宽电压带、外观豪华，非常适合广大农村市场。

海尔产品定价的原则：①产品价格即消费者认可的产品价值；②消费者关注产品价值比关注产品价格多得多；③真正的问题所在是价值，而不是价格。海尔的渠道组合策略采取直供分销制，自建营销网络。所谓直供分销制就是由厂商自主独立经营，不通过中间批发环节，直接对零售商供货。“海尔，中国造” 这一广告语朴实真挚、掷地有声、铿锵有力，是海尔向世界的宣战，显示出海尔征服国际市场的决心和信心，是海尔向世界名牌挺进的关键一步。

市场营销学产生于20世纪初商品经济最发达的美国。第二次世界大战后，市场完全由卖方市场转变成了买方市场，由此产生了现代市场营销学。市场营销不同于推销。市场营销始于产品生产、经营之前，而且一直延续到生产过程完成之后进入销售过程，还包括销售过程之后的售后服务、信息反馈等一系列活动。

【课堂讨论】

营销学权威菲利普·科特勒：“营销最重要的内容并不是推销，推销只不过是营销冰山上的顶点……”

你能说说你是怎么理解这句话的吗？

市场营销的概念：“市场营销”英文的原文为“Marketing”。我国在引进的过程中，有好几种翻译的方法。曾经有人将“Marketing”翻译为“销售学”，后来又有人将“Marketing”翻译为“市场学”，而“市场营销学”的译法，则比较准确地反映了“Marketing”这门学科是企业以市场为导向，以实现潜在交换为目的，去分析市场、进入市场和占领市场这样一种基本的特征。市场营销是指以满足人类各种需要和欲望为目的，通过市场，变潜在交换为现实交换的一整套经济活动。

市场营销的核心概念包括：需要，欲望和需求；交换和交易；市场营销组合等。

一、需要、欲望和需求

人类的需要和欲望是市场营销的出发点。需要是基于生存的人类基本要求，是指人们没有得到某些基本满足的感受状态，它是由人类自身的生理条件及其所处的社会环境所决定的。

【知识加油站】

1943年，美国心理学家马斯洛在《人类动机理论》一文中首次提出人类的五种基本需要：生理需要，安全需要，社会需要，自尊需要，自我实现需要。

欲望是指想得到基本需要具体满足物的愿望。欲望是指人希望得到更深层次的需要的满足。例如，饥饿了想寻找“食物”，但并未指向是“面包”、“米饭”还是“馒头”；而一旦明确需要什么，“需要”就变成了“欲望”；对企业的产品而言，有购买能力的“欲望”才是有意义的，才真正能构成对企业产品的“需求”。当我们有能力实现我们的欲望时，这种欲望就转变成了需求。所谓需求，是指对于有能力购买并且愿意购买的某个具体产品的欲望。需求是指针对特定产品的欲望，这种欲望必须有两个条件：有支付能力且愿意购买。

【课堂讨论】

“需要是有限的，但欲望却是无限的。”这句话正确吗？应怎样理解？

二、交换和交易

当人们决定以交换方式来满足需要或欲望时，就存在市场营销了。所谓交换，是指通过提供某种东西作为回报，从别人那里取得所需物品的行为。交换应被看作是一个过程而不是一个事件。如果双方正在进行谈判，并趋于达成协议，这就意味着他们正在进行交换。一旦达成协议，我们就说发生了交易行为。所以如果仅就某一次交换活动而言，市场营销就是为了实现同交换对象之间的交易，这是营销的直接目的。

三、市场营销组合

影响企业营销目标实现的因素是多方面的，包括产品的设计制造、产品包装、品牌选择、价格的制定与调整、中间商的选择、产品的储存和运输、广告宣传、人员销售、营业推广、公共关系等等。这些营销活动是独立的，但相互之间又会产生影响。企业在营销实践中逐渐认识到，必须对各种营销策略加以有机组合，才能使营销活动取得成功，并降低营销的成本。1960 年，美国市场营销学家杰罗姆·麦卡锡将各种因素归结为四个主要方面的组合，即产品（Product）、价格（Price）、地点（Place）和促销（Promotion）。这四种营销策略的组合，因其英语的第一个字母都为“P”，所以通常也称之为“4P”。

【课堂练习】

分析题：举例描述营销策略的组合，即通常所谓的“4P”。

1.3 市场营销观念

【引导案例】

若要把微博和营销放在一起，第一个联想起来的人就应该是青岛啤酒全球营销总裁严旭。她的新浪微博名字是“严旭青啤”，她对自己的要求是，“工作中要忘记自己的性别，生活中要记住自己的性别。”

2010 年 10 月 17 日 11:28，严旭就开始“广告”：“比赛倒计时，让我们今晚七点半相约 CCTV-5，共同为姑娘们加油！博友们抓紧时间竞猜。”严旭说的比赛是：2010 最大造星运动——CCTV 青岛啤酒炫舞激情 NBA 啦啦队选拔赛。然后，从 10 月 17 日 19:42 开始，严旭是 iPhone 和另一部手机联动，连发了 29 条相关微博，还传了现场比赛照片。这样的连发，在严旭的微博里属于正常情况。自从 2010 年 3 月 17 日开始写微博，90%以上是写和青啤有关的活动或者比赛的现场以及竞猜，即使是写别的事情牵扯到竞猜的，严旭也会拿出青岛啤酒当奖品。

1912 年美国哈佛大学的赫杰特齐教授出版了第一本《市场营销学（Marketing)》，被认为是市场营销学作为一门独立学科出现的标志。市场营销观念指的是企业在市场营销活动中所遵循的指导思想，或者说，是企业在开展营销管理过程中，在处理企业、顾客和社会三者利益方面所持的态度、思想和观念。

【知识加油站】

1905年，W. E. Kreuzer在美国的宾夕法尼西大学第一次讲授了“产品的市场营销”课程，提出了“市场营销”这个词。

1.3.1 市场营销观念的演变

从西方企业市场营销活动的发展历史来看，主要出现过以下几种有代表性的营销观念：

一、生产观念（出现在19世纪末20世纪初）

生产观念是最陈旧的一种企业经营观念。以这种经营观念为指导的企业认为，企业生产经营的重点是：努力提高生产效率，增加产量，降低成本，生产出让消费者买得到和买得起的产品，很少关注除此之外的其他市场因素，甚至不注意对产品的更新和改良。生产观念可以概括为：企业生产出什么产品就销售什么产品。

【课堂讨论】

20世纪之初，汽车在美国只是少数人的特权。当时汽车成本较高，因而价格难以下降，拥有汽车只是少数人的特权。当时美国福特汽车公司只生产一种车型，即只生产T型车；只有一种颜色可供选择，那就是黑色。这样福特便能以最低的成本生产、用最低的价格向消费者提供汽车。这种简单、坚固、实用的小汽车推出后，大大增强了广大中产阶级对汽车的需求，而福特也因此成了美国最大的汽车制造商。美国福特汽车公司的创办人福特曾经说过：“不管顾客需要什么，我们的汽车就是黑色的”。到了1927年，福特不得不关闭了T型车生产线，汽车多样化时代开始了。当其他公司所生产的彩色汽车风靡市场之后，福特才省悟到自己的决策的错误。

问：福特公司奉行的是什么营销观念？文中哪句话最能反映该观念？

二、产品观念

产品观念是在生产观念基础上的发展，但仍属于一种比较陈旧的经营观念。此时产品的供应已经比较丰富，出现了品种和类型上的差异，顾客对产品的选择性也开始增强，从而使企业在一定的范围内面临市场竞争，促使企业开始重视产品的改良和提高。

产品观念认为：产品是最重要的因素，消费者总是欢迎质量最优、性能最好的产品。因此，不太重视产品品种、式样与功能等的创新和销售。在产品观念引导下，企业致力于制造优质产品，并经常改进。产品观念的局限性就在于对产品的设计与开发只是从企业的角度出发，以企业为中心进行的。经营者认为，顾客想购买的只是产品，而并没有认识到顾客所购买的实际上是对于某种需要的满足。所以企业经营者仍只是把眼光注视着企业内部的生产领域，而没有把眼光转移出去，注意研究企业外部的市场，即所谓的“营销近视症”。

【课堂讨论】

日本有家保险箱生产公司的经理抱怨消费者没有眼光，对于该公司生产的“牢不可破”的保险箱很少有人问津。一次在对一位朋友谈起此事时，怒不可抑，竟然抬起一台该公司的产品从五楼扔了下去，然后让位这朋友去看这保险箱有没有损坏。然而这位朋友只是淡淡地一笑，说道：“我想您的顾客购买保险箱决不会是为了从楼上往下扔吧？”

这个例子说明了什么？

三、推销观念（出现在20世纪30年代到第二次世界大战结束）

市场经济发展到一定的阶段，市场上开始出现生产过剩和商品供过于求的现象，生产能力已增长到使大多数市场成为买方市场，从而加剧了市场竞争，使得产品销售取代产品生产成为企业经营中的首要问题，此时推销观念就必然会成为许多企业所奉行的经营观念。持推销观念的企业经营者认为，仅有优良的产品和低廉的成本并不一定会本能地吸引顾客，必须通过企业对顾客的宣传和推销，促使顾客对产品理解和接受。在这种观念的指导下，企业经营的重点是：注意运用各种推销手段和广告宣传向消费者大力推销产品，以期提高市场占有率，扩大产品销售。

当市场刚刚进入供过于求、竞争激烈的阶段时，推销观念确实产生过很强的实际效应。一些企业通过大量的广告宣传和人员推销使产品的销售有明显的上升。20世纪三四十年代，美国的不少企业就曾在包括中国在内的全世界各地市场组织大规模的推销活动，从而使不少在美国本地市场严重饱和的产品在世界各地打开了市场。如在中国推销美孚公司的煤油时，美孚公司就曾组织了一批推销人员挨家挨户地送煤油灯，使普通的中国老百姓接受了美国人的“洋油”，从而打开了一个很大的新的市场。

同生产观念和产品观念相比，推销观念有明显的进步，主要表现为企业经营者开始将眼光从生产领域转向了流通领域，不仅在产品的设计和开发上，而且在产品的销售促进上投入了精力和资本。但是推销观念是以说服和诱导消费者接受企业已经生产出来的产品为目的，仍然没有把消费者放在企业经营的中心地位。当大量的推销活动仍不能使企业摆脱产品滞销积压、经营每况愈下的局面时，一些企业就会从市场上去寻找原因，就会考虑根据顾客的需要和市场的变化来调整自己的经营，从而就导致新的企业经营观念应运而生。

四、市场营销观念（出现在20世纪50至60年代）

第二次世界大战以后，随着科学技术的高速度发展和各主要资本主义国家庞大的军事工业企业转产民用产品，生产效率进一步提高，生产规模继续扩大，社会产品供应量剧增，品种花色日新月异；同时，由于各资本主义国家普遍实行了高工资、高福利和高消费政策，刺激和促进消费者购买力大幅度地提高，使消费者需求和欲望不断地发生变化，迅速由原来的卖方市场转变为以购买者为主导的买方市场。在市场竞争日趋激烈的情况下，以企业为中心的推销活动必然会受阻。经营者们最终发现，真正成功的销售并不在于推销的力度，而在于企业满足顾客需求的程度。

市场营销观念是以消费需求为中心的企业经营观念，它的产生和应用是对其之前各种经营观念的一种质的变革。其核心是从以企业的需要为经营出发点变为以消费者需求为中心和出发点，集中企业一切资源和力量，综合运用各种营销手段，通过千方百计地适应和满足消费者需求，以实现企业的利润目标。市场营销观念可以用一句话概括为：消费者需要什么产品，企业就应当生产和销售什么产品。与前三种观念最大的区别在于：前者以卖方需要为中心，而营销观念则以买方需要为中心；推销是卖方想方设法把产品销售出去的需要；而营销则是通过帮助消费者满足其需要而获得相应的利润。

五、社会市场营销观念（20世纪70年代后期）

社会市场营销观念是随着企业经营实践的发展而逐步为企业所接受的。人们逐渐认识到，单纯强调市场营销观念，可能忽视满足当前消费需要与全社会的整体利益和长远利益之间的矛盾，从而导致资源浪费、环境恶化、危害人类健康等诸多弊端。社会营销观念是营销观念的发展和延伸，强调企业向市场提供任何产品或服务时，不仅要满足消费者的需要和符合本企业的利益，而且要符合消费者和社会的整体利益和长远利益。企业要正确处理消费者欲望、企业利润和社会整体利益之间的矛盾，统筹兼顾，求得三者之间的平衡与协调。

1.3.2 新旧营销观念的比较

以上诸多营销观念，前三种观念称为传统营销观念，后两种观念称为现代营销观念，其对比如表1-1所示：

表1-1 营销观念内容对比

营销观念	核心内容	产生背景	营销目的和手段
生产观念(产品观念)	以企业利益为中心	卖方市场	以“量”或以“质”取胜
销售观念		卖方市场向买方市场过渡	以“销”取胜
市场营销观念	以消费者利益为中心	买方市场	以满足顾客需要取胜
社会市场营销观念		买方市场	兼顾顾客、企业和社会长远利益

【课堂练习】

多项选择题

以企业为中心的营销观念包括（　　），而以消费者需要为中心的营销观念包括（　　），（　　）则以消费者、企业和社会长远利益为中心。

A. 生产观念　　B. 推销观念　　C. 产品观念

D. 市场营销观念　　E. 社会营销观念

【本章小结】

1. 市场营销学从营销的角度看待市场，认为市场是由人口、购买力和购买动机（欲望）三要素缺一不可构成的。

2. 产品是指能够提供给市场，并用于满足人类需要或欲望的任何东西，包括有形产品和无形产品。

3. 市场营销是指以满足人类的各种需要和欲望为目的，从而分析市场、进入市场和占领市场的一系列经济活动。

4. 发现市场需要，生产有价值的产品和提供服务是为了实现交换，市场营销所涉及的核心概念有：需要、欲望和需求，交换和交易，市场营销组合等。

5. 市场营销观念是在生产力高度发展、产品供过于求、竞争日益激烈的社会经济背景条件下形成的，它区别于以企业为中心的生产观念、产品观念和推销观念，是以消费者的需要为中心。社会营销观念是营销观念的发展和延伸，强调企业要正确处理消费者欲望、企业利润和社会整体利益三者之间的关系。

【本章习题】

一、单项选择题

1. 市场营销观念的突出特征是（　　）。

A. 以产品质量为中心　　B. 以产品价格为中心

C. 以产品产量为中心　　D. 以消费者需求为中心

2. 市场是指对某项商品或劳务具有需求的所有（　　）。

A. 个人消费者　　B. 生产者

C. 社会集团　　D. 现实的与潜在的购买者

3. 市场营销的核心是（　　）。

A. 交换活动　　B. 销售活动　　C. 生产活动　　D. 促销活动

4. 市场营销学产生于（　　）。

A. 19 世纪末　　B. 20 世纪初　　C. 二战末期　　D. 20 世纪 50 年代

5. “酒香不怕巷子深”体现了一种（　　）。

A. 推销观念　　B. 产品观念　　C. 生产观念　　D. 市场营销观念

二、多项选择题

1. 市场营销学根据消费者在购买产品时的购买行为特征把消费品划分为（　　）。

A. 便利品　　B. 选购品　　C. 特殊品　　D. 耐用品

2. 从营销的角度看待市场，市场是（　　）、（　　）和（　　）的有机结合。

A. 人口　　B. 购买力　　C. 场所　　D. 购买欲望

3. 营销策略的组合，通常也称之为“4P”，即（　　）的策略组合。

A. 产品　　B. 价格　　C. 地点　　D. 促销

4. 传统营销观念包括的类型有（　　）。

A. 生产观念　　B. 推销观念　　C. 产品观念　　D. 市场营销观念

5. 市场可以表述为（　　）。

A. 商品交换场所　　B. 商品交换关系

C. 商品交易过程　　D. 具有购买力的顾客群

三、判断题

1. 产品观念被称为营销近视症。 (　)

2. 市场营销等同于推销。 (　)

3. 生产者购买为理性动机，消费者购买为感性动机。 (　)

4. 市场需求潜量是指潜在需求的总和。 (　)

5. 产品观念强调产品质量与性能，属于现代营销观念。 (　)

四、案例分析题

美国皮尔斯堡面粉公司，从成立到20世纪20年代以前，一直以“本公司旨在制造面粉”的口号作为其营销指导思想。1930年左右，公司发现，竞争加剧，销量开始下降。为扭转这一局面，在公司内部成立商情调研部门，并选派大量推销员，更加注意推销技巧，进行大量广告宣传。同时把口号变为“本公司旨在推销面粉”。1950年前后公司根据二战后美国人的生活需要开始生产和推销各种成品和半成品的食品，使销量迅速上升。1958年后，公司着眼于长期占领市场，着重研究今后3年到30年的市场消费趋势，不断设计和制造新产品，培训新的推销人员。

问题：

(1) 请问是什么原因促使皮尔斯堡公司的营销观念发生了转变？

(2) 请结合案例内容，说明市场营销观念各阶段的特点。

第二章 市场营销环境分析

* 学习目标
  2.1 市场营销环境概述
  2.2 微观环境
  2.3 宏观环境
  2.4 市场营销环境分析及市场调查
* 本章小结
* 本章习题

【学习目标】

* 陈述市场营销环境的概念、特征以及分类。
* 理解微观市场营销环境和宏观市场营销环境对企业营销活动的影响。
* 了解市场营销环境分析的方法。
* 掌握市场调查的概念、作用、步骤、设计和方法。

2.1 市场营销环境概述

【引导案例】

默多克集团之中国攻略

世界500强之一的媒体帝国——默多克新闻集团由传媒大亨鲁伯特·默多克（Rupert Murdoch）担任董事长兼首席执行官，控股电视、电影、书籍、杂志、网络以及报纸等多种行业，共拥有175种报纸、5家杂志和23家电台，电视网横跨南北美洲、大洋洲、欧洲和亚洲，是当今世界上规模最大、国际化程度最高的综合性传媒公司之一，净资产超过470亿美元。默多克第一次访问中国自称是以旅游者的身份，但事实上他的首次访华便促成了新闻集团与中国的第一次合作，默多克新闻集团旗下的21世纪福克斯公司向中国中央电视台提供了包括《音乐之声》、《巴顿将军》等在内的50多部影片。现在，21世纪福克斯公司摄制的《泰坦尼克号》、《星球大战》等影片早已为中国观众所熟悉。

默多克新闻集团在中国的营销是很注重环境的，其中最重要的一点就是它针对中国市场的政治环境，坚持互信互利的原则，寻找与中国政府的共同点，力求在长期的合作中建立良好的信任关系。“与中国政府合作，关键是要互信和互利”，或者说默多克新闻集团的成功秘诀就是“寻找双方的共同点，在长期的合作中建立良好的信任关系”。事实证明，这种方式是有效的。星空传媒及其所属频道与中国30多个省市的有线电视台合作编播音乐、体育和人文地理节目，其中《神奇的地球》、《全球华语音乐榜中榜》等节目为广大观众所熟知。可以说，星空传媒已经被公认为深入中国市场最有效、与中国政府关系最好的国际传媒巨头。

“主动、正面地与中国政策对接；以国际化的视野做地地道道的本土化节目。”这是默多克针对巨大的中国市场以及拥有严格的管制制度的中国攻略，成功与否还需要时间的检验。

结合本案例，你认为外国企业进入中国哪些产业或市场时更应关注对政治、政策环境的分析，原因如何？

一、营销环境的含义

公司的营销环境是指在营销活动之外，能够影响营销部门建立并保持与目标顾客良好关系的能力的各种因素和力量。营销环境既能够提供机遇，也能造成威胁。成功的公司都知道持续不断地观察并适应变化着的环境是非常重要的。

市场营销环境（图2-1）泛指一切影响和制约企业市场营销决策和实施的内部条件和外部环境的总和。市场营销环境是指与企业营销活动有潜在关系的所有外部力量和相关因素的集合，它是影响企业生存和发展的各种外部条件。

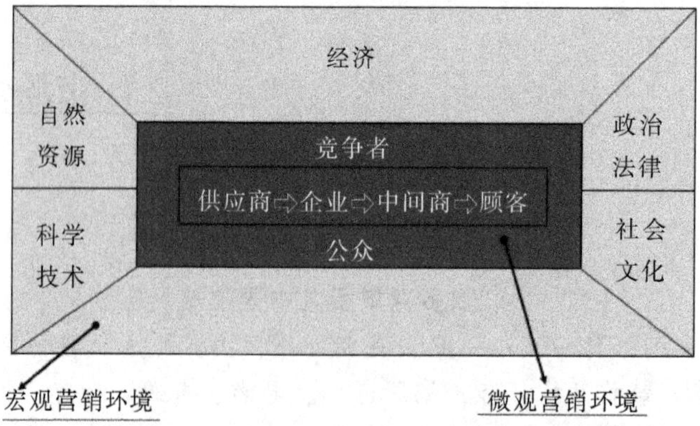

图2-1　市场营销环境

微观市场营销环境是指与企业紧密相连、直接影响企业营销能力和效率的各种力量和因素的总和，主要包括企业自身、供应商、营销中介、消费者、竞争者及社会公众。由于这些环境因素对企业的营销活动有着直接的影响，所以又称为直接营销环境。

宏观市场营销环境是指企业无法直接控制的因素，是通过影响微观环境来影响企业营销能力和效率的一系列巨大的社会力量，它包括人口、经济、政治、法律、科学技术、社会文化及自然生态等因素。由于这些环境因素对企业的营销活动起着间接的影响，所以又称为间接营销环境。

二、营销环境的特征

1. 客观性

企业总是在特定的社会经济和其他外界环境条件下生存、发展。这种环境并不以营销者的意志为转移，具有强制性与不可控性的特点，也就是说，企业营销管理者虽然能分析、认识营销环境，但无法摆脱环境的约束，也无法控制营销环境，特别是间接的社会力量，更难以把握。企业不可能改变人口总量，也不能改变社会文化，企业在客观的环境面前，只能研究它，适应它。

【课堂讨论】

森马，国内休闲装行业迅速崛起的领军品牌。进入21世纪，休闲装市场呈现出市场空间越来越大、市场细分越来越小的趋势。除了传统的“大众休闲”品牌外，市场上还出现了以“马克华菲”为代表的定位趋于高端的本土时尚休闲品牌。此外，一些正装品牌纷纷瞄准休闲装市场并推出自己的职业休闲装系列，体育品牌也开始积极开拓“运动休闲”领域。国内休闲装市场的巨大容量，不仅使越来越多的国内厂商杀入休闲装市场，众多的国外品牌也想从中分得一杯羹。进入2007年，洋品牌登陆扩张的速度和声势更是前所未见。4月，C&A、H&M两个平价时尚休闲装巨头的上海登陆及另一西班牙平价时装巨头Zara的内地市场扩张计划，都使本来已竞争激烈的国内休闲装市场的竞争更趋白热化。森马企业以虚拟经营模式进行市场运作，重点突出品牌经营的特性，以民族特色文化为主线，贯穿产品研发、企业理念、营销战略等方面。

森马认为，在现阶段市场化程度较高，但缺乏直接参与国际竞争经验的情况下，生存第一，发展第二。一要转变传统的思维定势，加强学习，尽快了解国际竞争原则，特别要重视搭建技术平台和品牌平台，制定适合自己“战斗”的竞争战略，力求尽快提高森马集团的国际竞争能力，做强做大；二要重视“洗牌”，进行合理的企业结构、产品结构的调整，建立一个相对快捷、先进的国际营销体系；三是建立相应的人才培训机制，加速提高森马参与国际竞争的适应能力。

2. 差异性

不同国家和地域之间，社会文化、人口、政治等因素存在很大差异，企业面对不同国家或区域市场，就得面对这种环境的差异性；而且同样一种环境因素，对不同企业的影响也是不同的。

3. 相关性

营销环境的相关性是指各种环境因素间的相互影响和相互制约。这种相关性表现在两个方面：一是某一环境因素的变化，会引起其他因素的互动变化；二是企业营销活动受多种环境因素的共同制约。企业的营销活动不是仅仅受单一环境因素的影响，而是由多个环境因素共同制约。如企业的产品开发，就要受制于国家的环保政策、技术标准、消费者需求特点、竞争者产品、替代品等多种因素的制约，如果不考虑这些外在的力量，生产出来的产品能否进入市场是很难把握的。

4. 层次性

从空间上看,营销环境因素是个多层次的集合。第一层次是企业所在的地区环境，例如当地的市场条件和地理位置。第二层次是整个国家的政策法规、社会经济因素，包括国情特点、全国性市场条件等。第三层次是国际环境因素。这几个层次的外界环境因素与企业发生联系的紧密程度是不相同的。

5. 动态性

外界环境随着时间的推移经常处于变化之中。例如，外界环境利益主体的行为变化和人均收入的提高均会引起购买行为的变化，影响企业营销活动的内容；外部环境各种因素结合方式的不同也会影响和制约企业营销活动的内容和形式。

6. 不可控性

影响市场营销环境的因素是多方面的，也是复杂的，并表现出企业不可控性。例如，一个国家的政治法律制度、人口增长及一些社会文化习俗等，企业不可能随意改变。

【知识加油站】

西方国家价值观的形成至少可追溯到文艺复兴运动。文艺复兴的指导思想是人文主义，即以崇尚个人为中心，宣扬个人主义至上，竭力发展自己、表现自我。“谦虚”这一概念在西方文化中的价值是被忽略不计的。生活中人们崇拜的是“强者”、“英雄”。有本事、有才能的强者得到重用，缺乏自信的弱者只能落伍或被无情地淘汰。因此，西方文化体现出个体文化特征，这种个体性文化特征崇尚个人价值凌驾于群体利益之上。正因为如此，中西两种文化在对某些单词所带的褒贬色彩上有差异。如：ambition 一词，本身具有褒贬两种含义。中国人用其贬义，表示“野心勃勃”，而英美人则取其褒义，表示“雄心壮志”。aggressive 一词，中国人常用来形容某人“挑衅、好斗”，而美国人则用来形容某人“进取，有开拓精神”。

三、营销环境的分类（图 2–2）

1. 按对企业营销活动影响时间的长短分：长期环境与短期环境。

2. 按对企业营销活动影响因素的范围分：微观环境和宏观环境。

（1）微观环境：直接营销环境（作业环境），指与企业紧密相连，直接影响企业营销能力的各种参与者，包括：企业本身、市场营销渠道企业、顾客、竞争者及社会公众。

（2）宏观环境：间接营销环境，指影响企业营销活动的一系列巨大的社会力量和因素，主要是人口、经济、政治、法律、科学技术、社会文化及自然生态等因素。

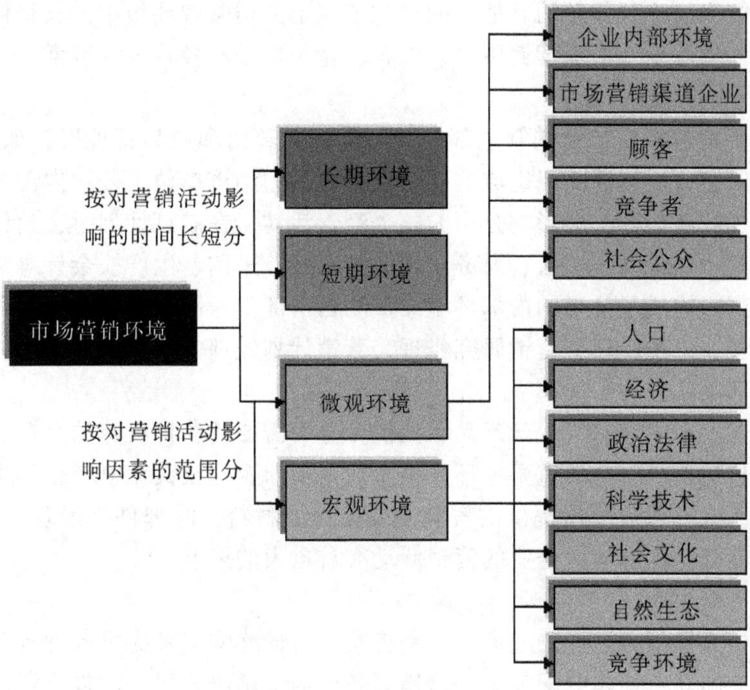

图 2-2　市场营销环境分类

【课堂练习】

多项选择题

市场营销环境按对企业营销活动影响因素的范围分为　　　　（　　）

A. 微观环境　　B. 长期环境　　C. 宏观环境　　D. 短期环境

2.2 微观环境

【引导案例】

邮寄图书目录的形式造成贝塔斯曼的倒闭

贝塔斯曼在中国市场上的失利，因素有多种，但最主要的，是它的服务和定位没有跟上市场的变化。更具体地说，贝塔斯曼的商品价格不占优势、服务的灵活性不占优势、消费者的定位也比较混乱。特别是它的会员制度，刻板、缺乏人性化。“一个季度买一本书”、“消费额度不够要降级”等等，颇有强买强卖的味道。

从贝塔斯曼的败走，我们可以得出什么结论？

市场营销的微观环境主要是指对企业营销活动产生直接影响的组织和力量。营销部门的工作是通过创造顾客价值和满意来吸引顾客并建立与顾客的联系。但是营销部门仅靠自己的力量是不能完成这项任务的。他们的成功依赖于公司微观环境中的其他因素——本公司的其他部门、供应商、市场营销中介、顾客、竞争对手和各种公众因素。

一、企业内部环境

企业内部环境包括市场营销管理部门、其他职能部门和最高管理层，如计划、财会、技术、供销、制造、后勤等部门组成的以营利为目的的经济单位。公司内部各职能部门的分工合作科学、和谐与否，会影响公司的整个经营活动。在制订计划时，营销部门应兼顾公司的其他部门，如最高管理层、财务、研究与开发、采购、生产、会计等部门。所有这些相互关联的部门构成了公司的内部环境。市场营销部门一般由市场营销副总经理、销售经理、推销人员、广告经理、营销研究经理、营销计划经理、定价专家等组成。

二、供应商

供应商是向公司供应它们生产产品和提供劳务所需要的各种资源的企业，是公司的整个顾客“价值传送系统”中的重要一环。供应商是指向企业及其竞争者提供生产经营所需资源的企业或个人。供应商所提供的资源主要包括原材料、零部件、设备、能源、劳务、资金及其他用品等。供应商对企业的营销活动有着重大的影响。

三、市场营销中介

市场营销中介是指为企业融通资金、销售产品给最终购买者提供各种有利于营销服务的机构，包括中间商、实体分配公司、营销服务机构（调研公司、广告公司、咨询公司）、金融中介机构（银行、信托公司、保险公司）等。它们是企业进行营销活动不可缺少的中间环节，企业的营销活动需要它们的协助才能顺利进行，如生产集中和消费分散的矛盾需要中间商的分销予以解决，广告策划需要得到广告公司的合作等等。

四、顾客

顾客是企业服务的对象，也是营销活动的出发点和归宿，它是企业最重要的环境因素。顾客既是企业服务的对象，也是企业的目标市场，是公司直接营销环境中最重要的因素。按照顾客的购买动机，可将顾客市场分为国内消费者市场、国内生产者市场、国内中间商市场、国内政府市场和国际市场五种类型。

【课堂讨论】

顾客永远是正确的

旧上海有一家永安公司，以经营百货著称。老板郭乐的经营宗旨是：在商品的花色品种上迎合市场的需要，在售货方式上千方百计地使顾客满意。商场的显眼处用霓虹灯制成标语“Customers are always right!（顾客永远是对的！）”作为每个营业员必须恪守的准则。为了拢住一批常客，公司实行了这样一些服务方式：一是把为重点顾客送货上门订为一条制度，使得一些富翁成了永安公司的老主顾。二是公司鼓励营业员争取顾客的信任，密切与顾客的关系，对那些“拉”得主顾客的营业员特别器重，不惜酬以重薪和高额奖金。三是公司针对有钱人喜欢讲排场、比阔气、爱虚荣的心理，采取一种凭“折子”购货的赊销方式，顾客到永安公司来购物，不用付现款，只需到存折上记上账。四是争取把一般市民顾客吸引到商店里来。如此四策的实施，使永安公司成为这样一家特殊商店：无论上流社还是一般市民，只要光顾这里，都能满意而归。整个商店整天被挤得水泄不通，生意格外红火。日本著名的大仓饭店，是世界上独具一格的高级饭店，是真正的“家外之家”，大仓饭店有一条不成文的信条，“顾客永远是正确的”。大仓饭店的职工受到严格的训练，必须诚心诚意地接受每个顾客的意见和建议，使顾客的要求尽可能得到满足，成为名副其实的“顾客之家”。

“顾客是永远正确的，”这个观点你认为对不对？你是怎样理解的？

五、竞争对手

在现代市场经济中，大多数公司在进行营销活动时，不可避免地会遇到已有或潜在的竞争对手的挑战。企业必须识别各种不同的竞争者，并采取不同的竞争对策。

六、公众

公众是指对企业实现营销目标的能力有实际或潜在利害关系和影响力的团体或个人。企业所面临的公众主要包括：金融公众、媒介公众、政府公众、社团公众、社区公众、内部公众和一般公众。

【知识加油站】

媒介公众又称新闻界公众，是指新闻传播机构及工作人员，如报社、杂志社、广播电台、电视台的记者。新闻媒介是企业与公众联系的最主要渠道，也是企业最敏感、最重要的公众之一。

【课堂练习】

多项选择题

市场营销的微观环境主要是指对企业营销活动发生直接影响的组织和力量，包括（　）

A. 企业内部环境　　B. 企业外部环境、同盟者

C. 顾客、公众　　D. 竞争对手、供应商

2.3 宏观环境

【引导案例】

睡衣风波

美国和加拿大之间曾围绕“古巴睡衣”问题发生了一场政治纷争，而夹在两者之间的是一家百货业的跨国公司——沃尔-马特公司。当时，争执的激烈程度可以从下面的报纸新闻标题中见得一斑：“将古巴睡衣从加拿大货架撤下：沃尔-马特公司引起纷争”、“古巴问题：沃尔-马特公司因撤下睡衣而陷入困境”、“睡衣赌局：加拿大与美国赌外交”、“沃尔-马特公司将古巴睡衣放回货架”。这一争端是由美国对古巴的禁运引起的。美国

禁止其公司与古巴进行贸易往来，但在加拿大的美国公司是否也应执行禁运呢？当时，沃尔-马特加拿大分公司采购了一批古巴生产的睡衣，美国总部的管理人员意识到此批睡衣的原产地是古巴后，便发出指令要求撤下所有古巴生产的睡衣，因为那样做违反了美《赫尔姆斯·伯顿法》。这一法律禁止美国公司及其在国外的子公司与古巴通商。而加拿大则是因美国法律对其主权的侵犯而恼怒，他们认为加拿大人有权决定是否购买古巴生产的睡衣。这样，沃尔-马特公司便成了加、美对外政策冲突的牺牲品。沃尔-马特在加拿大的公司如果继续销售那些睡衣，则会因违反美国法律而被处以100万美元的罚款。且还可能会因此而被判刑。但是，如果按其母公司的指示将加拿大商店中的睡衣撤回，按照加拿大法律，会被处以120万美元的罚款。

问题：造成沃尔-马特公司困难处境的原因是什么?结合案例说明政治环境与法律环境之间的关系。

企业的营销活动是在宏观环境中进行的，因而会受宏观环境因素，如人口、经济、技术、政治法律、社会文化、自然地理等的间接影响。宏观市场营销环境的变化对企业产生的影响可以从两个方面进行分析。一是宏观市场营销环境的变化对企业的市场营销活动产生有利的影响，这对企业是一种环境机会；二是宏观市场营销环境的变化对企业的市场营销活动产生不利的影响，这对企业是一种环境威胁。面对市场机会和威胁程度不同的营销环境，需要通过环境分析来评估市场机会与环境威胁，进而提出相应的对策。

一、人口环境

人口是构成市场的第一因素。人口的多少直接决定着市场的潜在容量，人口越多，市场规模就越大。而人口的年龄结构、地理分布、婚姻状况、出生率、死亡率、人口密度、人口流动性及其文化教育等特性会对市场格局产生深刻影响，并直接影响着企业的市场营销活动。

人口环境（Population Environment）包括人口规模、人口增长、人口结构、人口的地理分布等因素。市场营销是围绕市场展开的，而市场又是由具有购买欲望和购买力的人组成的。因此，人口环境就成为企业市场营销首要分析评估的宏观环境因素。

1. 人口规模

一般来说，在经济发展和收入水平相等的条件下，一国人口规模越大，则市场规模就越大。一个国家或地区的环境人口容量，在可预见到的时期内，决定市场的容量。人口规模对市场规模的决定影响，通常表现在对基本生活资料市场的需求量方面。因此，人口规模为企业营销活动考察基本生活资料市场的重要标准，到2050年，世界人口将突破100亿。目前，我国人口已经超过13亿。随着世界及我国人口规模的扩大，世界及我国市场规模也会不断扩大。

2. 人口增长

人口发展的趋势直接影响未来市场需求增长与否或变化方向。目前，发展中国家或地区人口增长率平均达2.1%，其中，撒哈拉以南非洲人口增长率平均高达3.2%，而发达国家则平均为0.6%，有些西欧、北欧国家人口增长率为负。这意味着发展中国家或地区的消费需求会不断增长，市场潜力很大；相反，有些西欧、北欧国家人口出生率下降，则可能会造成这些国家儿童用品消费需求总量的相对减少，对营销儿童用品的企业是一种“环境威胁”，但对另一些行业，如旅游业、交通运输业、餐饮业等行业来说，却是增加市场机会。

3. 人口结构

企业营销者除了要了解人口规模、人口增长以外，还应分析人口的结构。因为不同的人口结构对商品有着不同的需求，分析不同的人口结构，可为企业寻找目标市场提供依据。人口结构主要包括人口的年龄结构、性别结构、家庭结构（图 2-3）、社会结构以及民族结构。

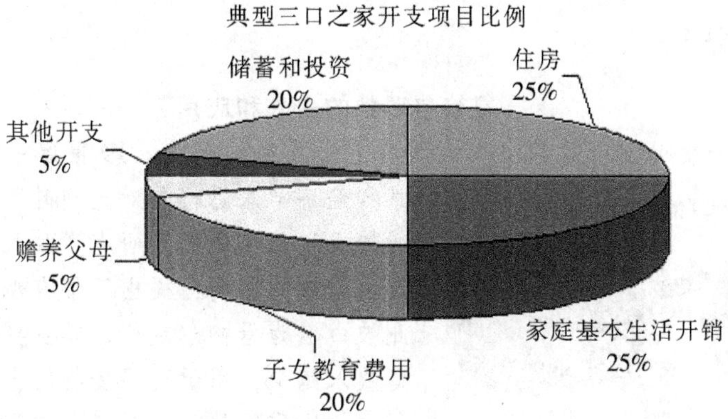

图 2-3 典型三口之家开支项目比例

4. 人口的地理分布

由于自然地理条件以及经济发展程度等多方面因素的影响，人口的分布绝不会是均匀的。世界各地正在加速城市化，在许多国家和地区，人口往往集中在几个大城市里。我国人口分布一般东部沿海地区多，西部内陆地区少，地理上主要以黑龙江漠河与云南腾冲连线为分界线，东南多，西北少，东南国土面积占全国面积的 43%，而人口占全国人口的 94%左右，西北地区面积占全国面积的 57%，人口却只占全国人口的 6%左右，即有由东南到西北方向随海拔高度的增加人口密度呈阶梯递减的趋势，而这种趋势还正在加强。人口的这种地理分布表现在市场上，就是城市市场集中程度高，销售周转快；农村市场广，但运输成本高。

二、经济环境

经济环境（Economic Environment）指企业营销活动所面临的外部社会条件，其运行状况及发展趋势会直接或间接地对企业营销活动产生影响。

1. 直接影响营销活动的经济环境因素

收入因素是构成市场的重要因素，甚至是最为重要的因素。因为市场规模的大小，归根结底取决于消费者的购买力大小，而消费者的购买力取决于他们收入的多少。

随着消费者收入的变化，消费者的支出模式会发生相应的变化，继而使一个国家或地区的消费结构也发生变化。西方一些经济学家常用恩格尔系数来反映这种变化。

恩格尔系数=食品支出金额/家庭消费支出总金额

恩格尔系数越小，食品支出所占比重越小，表明生活富裕，生活质量高；恩格尔系数越大，食品支出所占比重越高，表明生活贫困，生活质量低。

恩格尔系数是衡量一个国家、地区、城市、家庭生活水平高低的重要参数。企业从恩格尔系数可以了解目前市场的消费水平，也可以推知今后消费变化的趋势及对企业营销活动的影响。恩格尔系数表明，在一定的条件下，当家庭个人收入增加时，收入中用于食物开支部分的增长速度要小于用于教育、医疗、旅游等方面的开支增长速度。食物开支占总消费量的比重越大，恩格尔系数越高，生活水平越低；反之，食物开支所占比重越小，恩格尔系数越小，生活水平越高。

【知识加油站】

恩格尔系数的由来和应用

恩格尔系数是食品支出总额占个人消费支出总额的比重。19世纪中叶，德国统计学家和经济学家恩格尔对比利时不同收入的家庭消费情况进行了调查，研究了收入增加对消费需求支出构成的影响，提出了带有规律性的原理，由此被命名为恩格尔定律。其主要内容是指一个家庭收入越少，用于购买食物的支出在家庭收入中所占的比重就越大。对一个国家而言，一个国家越穷，每个国民的平均支出中，用来购买食物的费用所占比例就越大。恩格尔系数则由食物支出金额在总支出金额中所占的比重来决定。根据联合国粮农组织提出的标准，恩格尔系数在59%以上为贫困，50%~59%为温饱，40%~50%为小康，30%~40%为富裕，低于30%为最富裕。另外，在观察历史情况的变化时要注意，恩格尔系数反映的是一种长期的趋势，而不是逐年下降的绝对倾向。它是在熨平短期的波动中求得长期的趋势。

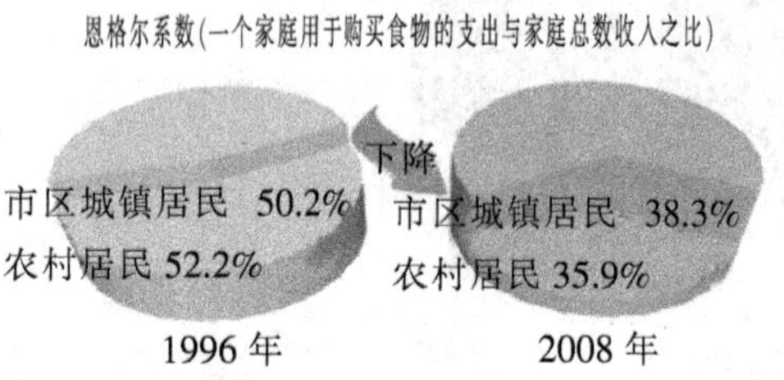

消费者的购买力还受储蓄和信贷的直接影响。当收入一定时，储蓄越多，现实消费越少，而潜在的消费量就越大；反之，储蓄越少，现实消费量就越大，而潜在消费量越小。另外，储蓄的目的不同，也往往会影响到潜在需求量、消费模式、消费内容和消费发展方向的不同。这就要求企业营销人员在调查、了解储蓄动机与目的的基础上，制定不同的营销策略，为消费者提供有效的产品和劳务。

消费者信贷对购买力的影响也很大。消费者信贷，指消费者凭信用先取得商品使用权，然后按期归还贷款，以购买商品。信贷消费允许人们购买超过自己现实购买力的商品，创造了更多的需求。我国现阶段的信贷消费还停留在初级阶段，信贷商品基本上局限于住房、汽车等，但较以前已有了较大的发展。

【课堂讨论】

两个消费者的经历

在天堂门口，两个异国老太太相遇了。上帝让她们各自说出自己一生中最高兴的事情。“我攒了一辈子的钱，终于住了一天新房子，我这一辈子活得也不冤啊。”中国老太太高兴地说。“我住了一辈子的房子，在我去世之前终于把买房的贷款还清了。”美国老太太也高兴地说。上帝叹了口气，说：“选择不同，效果也是不同的。”

2. 间接影响营销活动的经济环境因素

除了上述因素直接影响企业的市场营销活动外，还有一些经济环境因素也对企业的营销活动产生或多或少的影响。

（1）经济发展水平

企业的市场营销活动要受到一个国家或地区的整个经济发展水平的制约。经济发展阶段不同，居民的收入不同，顾客对产品的需求也不一样，从而会在一定程度上影响企业的营销。例如，以消费者市场来说，经济发展水平比较高的地区，在市场营销方面，强调产品款式、性能及特色，品质竞争多于价格竞争。而在经济发展水平低的地区，则较侧重于产品的功能及实用性，价格因素比产品品质更为重要。在生产者市场方面，经济发展水平高的地区着重投资较大而能节省劳动力的先进、精密、自动化程度高、性能好的生产设备。在经济发展水平低的地区，其机器设备大多是一些投资少而耗劳动力多、简单而易操作、较为落后的设备。因此，对于不同经济发展水平的地区，企业应采取不同的市场营销策略。

（2）经济体制

世界上存在着多种经济体制，有计划经济体制，有市场经济体制，有计划-市场经济体制，也有市场-计划经济体制，等等。现阶段，我国正处于计划经济体制向社会主义市场经济体制过渡的时期，两种体制并存，两种机制并存，市场情况十分复杂。一方面，通过改革，企业正在逐步摆脱行政附属物的地位，具有了一定的生产经营自主权，开始真正走向市场并以市场为目标开展自己的营销活动；另一方面，企业经营机制还没有完全转变过来，政府的直接干预还严重存在，企业的生产经营活动还受到较强的控制，因而企业的营销活动在一定程度上受到制约。

（3）地区与行业发展状况

我国地区经济发展很不平衡，逐步形成了东部、中部、西部三大地带和东高西低的发展格局。同时在各个地区的不同省市，还呈现出多极化发展趋势。这种地区经济发展的不平衡，对企业的投资方向、目标市场以及营销战略的制定等都会带来巨大影响。

（4）城市化程度

城市化程度是指城市人口占总人口的百分比，它是一个国家或地区经济活动的重要特征之一。城市化是影响营销的环境因素之一。这是因为，城乡居民之间存在着某种程度的经济和文化上的差别，进而导致不同的消费行为。例如，目前我国大多数农村居民消费的自给自足程度仍然较高，而城市居民则主要通过货币交换来满足需求。此外，城市居民一般受教育较多，思想较开放，容易接受新生事物，而农村相对闭塞，农民的消费观念较为保守，故而一些新产品、新技术往往首先被城市所接受。企业在开展营销活动时，要充分注意到这些消费行为方面的城乡差别，相应地调整营销策略。

三、自然环境

自然环境是指自然界提供给人类的各种形式的物质资料，如阳光、空气、水、森林、土地等。包括物质自然环境和地理环境。物质自然资源是指自然界提供给人类的各种形式的物质财富，如矿产资源、森林资源、土地资源、水资源等。企业开展营销活动，必须考虑当地的气候与地形细节，使营销策略能适应当地的地理环境。

四、技术环境

技术环境（Technological Environment）可能是目前影响人类命运的最引人注目的因素。科学技术是社会生产力中最活跃的因素，它影响着人类社会的历史进程和社会生活的方方面面，对企业营销活动的影响更是显而易见。

五、政治环境

政治环境（Political Environment）是指企业市场营销活动的外部政治形势。一个国家的政局稳定与否，会给企业营销活动带来重大的影响。如果政局稳定，人民安居乐业，就会给企业营销造成良好的环境。相反，政局不稳，社会矛盾尖锐，秩序混乱，就会影响经济发展和市场的稳定。政治环境对企业营销活动的影响主要表现为国家政府所制定的方针政策，如人口政策、能源政策、物价政策、财政政策、货币政策等，都会对企业营销活动带来影响。例如，国家通过降低利率来刺激消费的增长；通过征收个人收入所得税调节消费者收入的差异，从而影响人们的购买力；通过增加产品税，对香烟、酒等商品的增税来抑制人们的消费需求。

六、社会文化环境

社会文化环境（Cultural Environment）包括影响一个社会的基本价值、观念、偏好和行为的风俗习惯和其他因素。社会文化是指一个社会的民族特征、价值观念、生活方式、风俗习惯、伦理道德、教育水平、语言文字、社会结构等的总和。任何企业都处于一定的社会文化环境中，企业营销活动必然受到所在社会文化环境的影响和制约。因此，对市场营销人员来说，社会文化环境是又一个不可忽视的重要因素。

【课堂练习】

多项选择题

企业的营销活动是在宏观环境中进行的，因而会受宏观环境的因素的间接影响，下列属于宏观环境因素的有（　　）

A. 人口环境、政治环境　　B. 技术环境、经济环境

C. 自然环境　　D. 社会文化环境

2.4 市场营销环境分析与市场调查

【引导案例】

新型捕鼠器缘何没市场？

美国一家制造捕鼠器的公司，为了试制一种适宜于老鼠生活习性的捕鼠器，组织力量

花了若干年时间研究了老鼠的吃、活动和休息等各方面的特征，终于制造出了受老鼠“欢迎”的一种新型捕鼠器。新产品完成后，屡经试验，捕鼠效果确实不错，捕鼠率百分之百，与老式捕鼠器相比，新型捕鼠器还有以下优点：①外观大方，造型优美；②捕鼠器顶端有按钮，捕到老鼠后只要一按按钮，死鼠就会掉落；③可终日置于室内，不必夜间投器、白天收拾，绝对安全，也不会伤害儿童；④可重复使用。新型捕鼠器上市伊始深受消费者的青睐，但好景不长，市场迅速萎缩了。是何原因致使这么好的东西却没有达到预计的销售业绩呢？后来查明，其致命原因是：第一，购买该新型捕鼠器的买主一般是家庭中的男性。他们每天就寝前安装好捕鼠器，次日起床后因急于上班，便把清理捕鼠器的任务留给了家庭主妇。主妇们见死鼠就害怕、恶心，同时又担心捕鼠器不安全，会伤害到人。结果许多家庭主妇只好将死鼠连同捕鼠器一块丢弃，由此消费者感到代价太大。第二，由于该捕鼠器造型美观，价格自然较高，所以中、低收入的家庭购买一个便重复多次使用，况且家中老鼠在捕捉几只后就可以“休息”一段时间，重复购买因而减少，销量自然下降。高收入的家庭，虽然可以多买几个，但是用后处理很伤脑筋，老式捕鼠器捉到一只老鼠后，可以与老鼠一起扔进垃圾箱，而新型捕鼠器有些舍不得，留下来吧又该放在哪儿呢？另外，留得捕鼠器的存在，又容易引起有关老鼠的可怕念头。

结合本案例，说明美国这家制造新型捕鼠器的公司失败的根本原因是什么。

一、市场营销环境对企业营销的影响

1. 市场营销环境对企业营销带来双重影响作用

（1）环境给企业营销带来威胁。营销环境中会出现许多不利于企业营销活动的因素，由此形成威胁。如果企业不采取相应的规避风险的措施，这些因素会导致企业营销的困难。为保证企业营销活动的正常运行，企业应注重对环境进行分析，及时预见环境威胁，将危机减少到最低程度。

（2）环境给企业营销带来机会。营销环境也会滋生出对企业具有吸引力的领域，带来营销的机会。对企业来讲，环境机会是开拓经营新局面的重要基础。为此，企业应加强对环境的分析，当环境机会出现的时候善于捕捉和把握，以求得企业的发展。

2. 市场营销环境是企业营销活动的资源基础

市场营销环境是企业营销活动的资源基础。企业营销活动所需的各种资源，如资金、信息、人才等都是由环境来提供的。企业生产经营的产品或提供的服务需要哪些资源、多少资源、从哪里获取资源，必须分析、研究营销环境因素，以获取最优的营销资源，满足企业经营的需要，实现营销目标。

3. 市场营销环境是企业制定营销策略的依据

企业营销活动受制于客观环境因素，必须与所处的营销环境相适应。但企业在环境面前绝不是无能为力、束手无策的，能够发挥主观能动性，制定有效的营销策略去影响环境，在市场竞争中处于主动地位，占领更大的市场。

【课堂讨论】

三个旅行者

三个旅行者同时住进一家旅馆。早上出门时，一个旅行者带了一把雨伞，一个旅行者拿了一根拐杖，第三个旅行者则两手空空。

晚上归来时，拿着雨伞的人淋湿了衣服，拿着拐杖的人跌得全身是泥，而空手的人却什么事情都没有。前两个人都很奇怪，问第三个人这是为什么。第三个旅行者没有回答，而是问拿伞的人，“你为什么淋湿而没有摔跤呢？”

“下雨的时候，我很高兴有先见之明，撑着雨伞大胆地在雨中走，衣服还是淋湿了不少。泥泞难行的地方，因为没有拐杖，走起来小心翼翼，就没有摔跤。”

再问拿着拐杖者，他说：“下雨时，没有伞我就拣能躲雨的地方走或者是停下来休息。泥泞难行的地方我便用拐杖拄着走，却反而跌了跤。”

空手的旅行者哈哈大笑，说：“下雨时我拣能躲雨的地方走，路不好走时我细心走，所以我没有淋着也没有摔着，你们有凭借的优势，就不够仔细小心，以为有优势就没有问题，所以反而有伞的淋湿了，有拐杖的摔了跤。”

二、市场营销环境分析

市场营销环境分析即监测跟踪市场营销环境发展趋势，发现市场机会和威胁，从而调整营销策略以适应环境变化。

1. 市场机会矩阵分析

市场机会矩阵分析（图 2–4）：

（1）最佳机会：应准备若干计划以追求其中的一个或几个机会。

（2）（3）：应密切注视，可能成为最佳机会。

（4）：机会太小，不予考虑。

如：电视照明设备公司所面临的环境机会

（1）公司开发更好的照明系统；

（2）开发成本更低的照明系统；

（3）开发一种能测定照明系统利用能源效率的设备；

（4）开发向电视演播人员传授基本知识的软件。

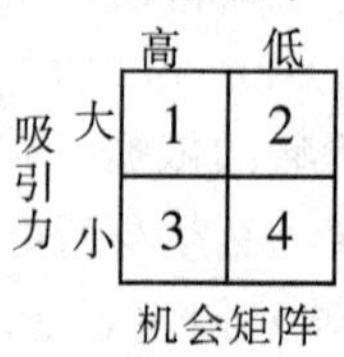

图 2–4　市场机会矩阵分析

2. 环境威胁矩阵分析

环境威胁矩阵分析（图 2–5）：

(1) 关键性的威胁：会严重危害公司利益且出现的可能性大，应准备应变计划。

(2) (3)：不需准备应变计划，但需密切关注，可能发展成严重威胁。

(4)：威胁较小，不加理会。

如：电视照明设备公司面临的环境威胁：

(1) 竞争者开发更好的照明系统；

(2) 严重的长期经济萧条；

(3) 成本增长；

(4) 立法要求减少开办电视演播室。

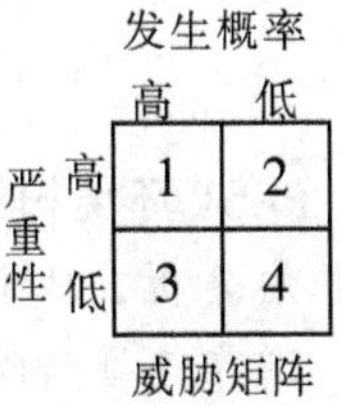

图 2–5 环境威胁矩阵分析

3. 机会威胁矩阵分析

机会威胁矩阵分析（图 2–6）：

(1) 理想业务：市场机会很多，严重威胁很少；

(2) 冒险业务：市场机会很多，威胁也很严重；

(3) 成熟业务：市场机会很少，威胁也不严重；

(4) 困难业务：市场机会很少，威胁却很严重；

企业市场营销对策：

(1) 对理想业务：必须抓住机遇，迅速行动。

(2) 对冒险业务：不宜盲目冒进，也不应迟疑不决坐失良机。

(3) 对成熟业务：可作为企业常规业务，以维持企业的正常运转。

(4) 对困难业务：要么努力改变环境走出困境、减轻威胁；要么立即转移，摆脱困境。

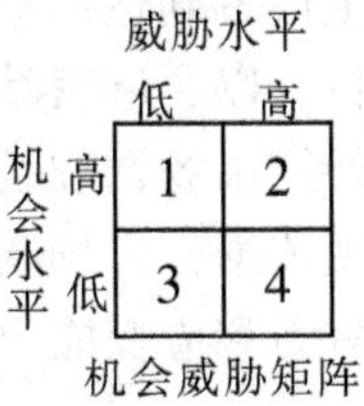

图 2–6 机会威胁矩阵分析

市场营销人员具备两个特殊的优势：

(1) 具有良好的收集市场营销环境信息的方法，市场情报收集与市场营销研究。

(2) 会在消费者和竞争者环境上花更多的时间。

宏观市场营销环境是指企业不可控制的、并能给企业的营销活动带来市场机会和环境威胁的主要社会力量，包括人口环境、经济环境、自然环境、技术环境、政治环境、法律环境以及社会文化环境。企业及其微观市场营销环境的参与者，无不处于宏观市场营销环境中。

三、企业营销对策

市场营销环境变化给企业营销带来的影响是多样、复杂的。企业应坚持全面、具体的评价原则，运用 PEST 环境扫描法、“威胁-机会”矩阵图法，对影响企业营销的相关环境因素及其权重做出准确估析，并在环境分析与评价的基础上，对威胁与机会水平不等的各种营销业务，分别采取不同的对策。

【知识加油站】

PEST 环境扫描法

PEST 环境扫描法是指对宏观环境的分析，P 是政治，E 是经济，S 是社会，T 是技术。在分析一个企业所处背景的时候，通常是通过这四个因素来分析企业所面临的状况。

对理想业务，应看到机会难得，甚至转瞬即逝，必须抓住机遇，迅速行动；否则，丧失战机，将后悔无及。

对冒险业务，面对高利润与高风险，既不宜盲目冒进，也不应迟疑不决坐失良机，应全面分析自身的优势与劣势，扬长避短，创造条件，争取突破性的发展。

对成熟业务，机会与威胁处于最低水平，可作为企业的常规业务，可以维持企业的正常运转，并为开展理想业务和冒险业务准备必要的条件。

对困难业务，要么努力改变环境，走出困境或减轻威胁，要么立即转移，摆脱无法扭转的困境。

四、市场调查

市场调查就是指运用科学的方法，有目的地、系统地搜集、记录、整理有关市场营销信息和资料，分析市场情况，了解市场的现状及其发展趋势，为市场预测和营销决策提供客观、正确的资料。

1. 市场调查的概念和作用

市场调查是指对商品和劳务在从生产者到达消费者的过程中，所发生的有关市场营销情况的资料作系统的搜集、整理和分析，以了解商品和劳务的现实市场和潜在市场并得出结论的工作过程。市场调查的作用包括：市场调查是企业实现生产目的的重要环节；市场调查是企业进行决策或修订策略的客观依据；市场调查是企业改进技术和提高管理水平的重要途径；市场调查是增强企业的竞争力和应变能力的重要手段。

2. 市场调查的步骤

市场调查由一系列收集和分析市场数据的步骤组成。某一步骤做出的决定可能影响其他后续步骤，某一步骤所做的任何修改往往意味着其他步骤也可能需要修改。市场调查一般按如下程序进行：①确定问题与假设；②确定所需资料；③确定收集资料的方式；④抽样设计；⑤数据收集；⑥数据分析；⑦撰写调查报告。

3. 市场调查的方法

市场调查的方法主要有观察法、实验法、访问法和问卷法。

(1) 观察法

观察法是社会调查和市场调查最基本的方法。它是由调查人员根据调查研究的对象，利用眼睛、耳朵等感官以直接观察的方式对其进行考察并搜集资料。例如，市场调查人员到被访问者的销售场所去观察商品的品牌及包装情况。

(2) 实验法

实验法由调查人员根据调查的要求，用实验的方式，将调查的对象控制在特定的环境条件下，对其进行观察以获得相应的信息。控制对象可以是产品的价格、品质、包装等，在可控制的条件下观察市场现象，揭示在自然条件下不易发生的市场规律，这种方法主要用于市场销售实验和消费者使用实验。

(3) 访问法

访问法可以分为结构式访问、无结构式访问和集体访问。结构式访问是实现设计好的、有一定结构的访问问卷的访问。调查人员要按照事先设计好的调查表或访问提纲进行访问，要以相同的提问方式和记录方式进行访问。提问的语气和态度也要尽可能地保持一致。无结构式访问没有统一问卷，由调查人员与被访问者自由交谈。它可以根据调查的内容，进行广泛的交流。如：关于商品的价格进行交谈，了解被调查者对价格的看法。集体访问是通过集体座谈的方式听取被访问者的想法，收集信息资料。可以分为专家集体访问和消费者集体访问。

(4) 问卷法

问卷法是通过设计调查问卷，让被调查者填写调查表以获得所调查对象的信息。在调查中将调查的资料设计成问卷后，让接受调查的对象将自己的意见或答案，填入问卷中。

在一般进行的实地调查中，以问卷法使用最广泛。

【课堂练习】

多项选择题

市场调查的方法主要有 (　　)

A. 观察法　　B.实验法　　C.访问法　　D.问卷法

【本章小结】

1. 市场营销环境的概念、特征以及分类。市场营销环境是指与企业营销活动有潜在关系的所有外部力量和相关因素的集合，它是影响企业生存和发展的各种外部条件。市场营销环境的特征包括：①客观性；②差异性；③相关性；④层次性；⑤动态性；⑥不可控性。市场环境按对企业营销活动影响因素的范围分为微观环境和宏观环境。

2. 微观市场营销环境是指与企业紧密相连、直接影响企业营销能力和效率的各种力量和因素的总和，主要包括企业自身、供应商、营销中介、消费者、竞争者及社会公众。

3. 宏观市场营销环境是指企业无法直接控制的因素，是通过影响微观环境来影响企业营销能力和效率的一系列巨大的社会力量，它包括人口、经济、政治、法律、科学技术、社会文化及自然生态等因素。由于这些环境因素对企业的营销活动起着间接的作用，所以又称间接营销环境。

4. 市场营销环境分析及市场调查。本章分别对市场机会矩阵、环境威胁矩阵、机会威胁矩阵分别进行了分析；对市场调查的概念、作用、步骤、设计和方法进行了简述，市场调查一般按如下程序进行：①确定问题与假设；②确定所需资料；③确定收集资料的方式；④抽样设计；⑤数据收集；⑥数据分析；⑦撰写调查报告。市场调查的方法主要有观察法、实验法、访问法和问卷法。

【本章习题】

一、单项选择题

1. ________是向企业及其竞争者提供生产经营所需资源的企业或个人。

A. 供应商　　B. 中间商　　C. 广告商　　D. 经销商

2. ______就是企业的目标市场，是企业服务的对象，也是营销活动的出发点和归宿。

A. 产品　　B. 顾客　　C. 利润　　D. 市场细分

3. ________主要指一个国家或地区的民族特征、价值观念、生活方式、风俗习惯、宗教信仰、伦理道德、教育水平、语言文字等的总和。

A. 社会文化　　B. 政治法律　　C. 科学技术　　D. 自然资源

4. 威胁水平和机会水平都高的业务，被叫做________。

A. 理想业务　　B. 冒险业务　　C. 成熟业务　　D. 困难业务

5. 一般来说，市场营销环境包括________。

A. 直接营销环境和间接营销环境　　B. 微观环境和宏观环境

C. 微观环境和中观环境　　D. 宏观环境和中观环境

二、多项选择题

1. 对市场营销环境的理解，正确的是________。

A. 是企业能够控制的因素　　B. 是企业不可控制的因素

C. 可能形成机会也可能造成威胁　　D. 是可以了解和预测的

2. 微观环境指与企业紧密相连、直接影响企业营销能力的各种参与者，包括______。

A. 企业本身　　B. 市场营销渠道企业　　C. 顾客　　D. 竞争者

3. 市场营销环境的特征有________。

A. 客观性　　B. 差异性　　C. 多变性　　D. 相关性

4. 营销中间商主要指协助企业促销、销售和经销其产品给最终购买者的机构，包括________。

A. 中间商　　B. 实体分配公司

C. 营销服务机构　　D. 证券交易机构

5. 国内市场按购买者可分为________。

A. 消费者市场　　　　B. 生产者市场

C. 中间商市场　　　　D. 非营利组织市场

三、判断题

1. 微观环境与宏观环境之间是一种并列关系，微观营销环境并不受制于宏观营销环境，各自独立地影响企业的营销活动。（　）

2. 同一个国家不同地区的企业之间营销环境基本上是一样的。（　）

3. 市场营销环境是企业无法控制的，但是企业可以通过研究环境更好地适应环境。（　）

4. 在一定条件下，企业可以运用自身的资源，积极影响和改变环境因素，创造更有利于企业营销活动的空间。（　）

5. 顾客也是企业重要的环境因素。（　）

四、案例简析

海尔沙尘暴里寻商机

海尔集团首席执行官张瑞敏曾多次提出："中国企业要参与国际竞争，必须以速度取胜。"也许这正是海尔成功的奥秘所在。在2002年春天的沙尘暴袭来之际，海尔再一次抓住商机，以迅雷不及掩耳之势推出新品，充分体现出以速度取胜的真谛。

沙尘暴里"雪中送炭"

自2002年3月下旬以来，我国北方绝大部分地区都受到了沙尘暴或沙尘天气的影响，沙尘所到之处天空昏暗、空气混浊，居民即使紧闭门户，在粉尘飞扬的室内也很难舒畅呼吸。沙尘暴已成为北方越来越频繁的"城市灾难"。但中国著名的家电企业海尔集团却在此次沙尘暴中独具慧眼，在灾难中发现了巨大商机。

海尔"防沙尘暴Ⅰ代"商用空调，在沙尘暴肆虐北方大地、人们生活饱受沙尘之扰、苦不堪言之时推出，可谓"雪中送炭"，使产品的使用者在有限的空间之内，有效地将沙尘暴的危害降低到最小限度，筑起一道健康的防护墙。

据悉，在海尔"防沙尘暴Ⅰ代"商用空调推向市场的两周时间内，仅在北京、西安、银川、太原、天津、济南等十几个城市就卖出了3700多套，部分城市甚至出现了产品供不应求、人们争购的局面。仅凭"防沙尘暴Ⅰ代"商用空调，海尔商用空调在2002年3月份的销量便达到了去年同期的147.8%。

海尔沙里淘金

当多数人都看到沙尘暴的危害时，海尔却看到了商机——根据市场的变化、人们的个性化需求，迅速推出了最受北方地区欢迎的产品——"防沙尘暴Ⅰ代"商用空调。目前国内生产空调的企业已达400多家，家电企业更是数不胜数，为什么仅海尔能做到这一点呢？不难看出海尔在反应速度、市场应变能力、个性化产品开发、技术力量的转化方面所具有的强大优势实力。这大概也是海尔今天能发展成为知名的国际化大企业，而其他企业所难以企及的原因所在了。

据环境监测专家称，2002年我国北方地区沙尘暴形势比较严峻，而且是频繁发生，自 1999 年起，我国进入新一轮沙尘天气的频发期，这也是继 20 世纪五六十年代以来我国所遭受的最严重的沙尘暴侵袭。据悉，仅在 2001 年，我国监测网络就观测到 32 次沙尘暴现象，虽然我国已启动一系列重大环保工程来恢复沙尘暴源区和附近地区的植被和生态环境，力图从源头控制沙尘暴的爆发，但这并不能在短期内解决我国北方地区的沙尘暴问题。据专家估计，即使国家环保措施得力，最快也要 15~20 年方能从根本上解决沙尘暴问题，在这期间沙尘暴仍将频频发生。

沙尘暴给人们带来的种种危害，使人们“谈沙色变”。它使沙尘漫天，空气中弥漫着一股土腥味，外出不便，车辆、楼窗、街道乃至整个城市都蒙上了层层灰尘。但由此也引发了一股“沙尘暴经济潮”，精明的商家看出了其中蕴含的无限商机，采取了相应的策略，从而带动了车辆洗刷、家政服务、环卫清扫、吸尘器、空调、墨镜、口罩等行业的兴旺。如海尔集团便在沙尘暴再现之际迅速推出了“防沙尘暴Ⅰ代”商用空调，受到我国北方地区人们的欢迎，其销售业绩在短期内便得到了大幅度提高。

应该说有了市场需求才有相应的产品产生，既然在短期内我国北方地区无法从根本上解决沙尘暴问题，只有采取种种防御措施，尽可能将沙尘暴给日常生活所带来的负面影响降低到最小程度。海尔“防沙尘暴Ⅰ代”商用空调的应运而生，给处于沙尘之中的人们带来了重新享受清新生活的希望。这种采用多层 HAF 过滤网技术、独特的除尘功能、离子集尘技术的海尔“防沙尘暴Ⅰ代”商用空调，可以清除房间内因沙尘暴带来的灰尘、土腥味及各种细菌微粒，经过滤后的空气犹如在森林中一般清新，从而在人们日常生活中为抵御沙尘暴的侵袭筑起了一道道绿色的防护城。

问题：

1. 沙尘暴对海尔的市场营销环境有什么影响？
2. 企业应怎样对待市场营销环境的变化？

第三章 消费者行为分析

【学习目标】

* 掌握消费者市场的概念和特点。
* 了解购买行为模式的基本内容。
* 掌握影响消费者购买行为的主要因素。
* 了解马斯洛需要层次理论。
* 掌握消费者购买决策过程。
* 了解生产者市场的购买行为。

3.1 消费者购买行为分析

【引导案例】

速溶咖啡上市遭冷落

20世纪40年代初期，速溶咖啡首先在美国市场问世。它方便、省时，不会发生配料错误而且价格低于新鲜咖啡。于是，厂家以为该产品一定大受欢迎，广告制作者也觉得只要刻意宣传其价廉与方便，一定能拨动消费者的心弦而大受欢迎。结果，销售状况大大出乎他们的意料，速溶咖啡不受欢迎！公司请来消费心理学家调查其中原因。在进行了调查研究之后，消费者拒绝购买速溶咖啡的原因被揭示出来了。原来，当时美国消费者的社会心态是，购买速溶咖啡的人被看作是懒汉，是一个生活无计划的、邋遢的和可能没有贤妻照顾的人；而购买新鲜咖啡的顾客，则是有经验的、勤俭的、讲究生活的、有家庭观念和喜欢烹调的人。有谁愿意被冠之以懒汉的称号呢？有哪个家庭主妇愿意被他人看成是不能很好地照顾丈夫和家庭的妻子呢？广告制作者刻意宣扬的“方便”特征并没有与消费者的需求相契合，而是正好与消费者的精神需求相抵触。不难想象，这样的宣传愈是卖力，则愈是引起消费者的反感与厌恶，正所谓南辕北辙。

在认识到这一点后，广告制作者便改变策略，不再强调速溶咖啡方便的特点，而是着力宣传新鲜咖啡所具有的美味、芳香和质地醇厚等特点，速溶咖啡也同样具备。他们在杂志的整版广告上画了这样一幅图画：一杯美味的咖啡，它后面高高地堆着很大的褐色咖啡豆，并在速溶咖啡罐头上写上“100%的真正咖啡”的标签，很快消极印象被克服了，速溶咖啡成为西方咖啡中最受欢迎的产品。

市场营销学根据购买者的特点及其购买商品的目的对市场进行分类，把市场分为消费者市场和产业市场（包括生产者市场和中间商市场）两种基本形态。消费者市场由为满足个人生活需要而购买商品的个人和家庭构成，是产业市场乃至整个经济活动为之服务的最终市场，即为个人提供最后的直接消费品的市场。对消费者市场的研究，是对整个市场研究的基础。

3.1.1 消费者市场的特点

消费者市场又称消费品市场，是向个人和家庭销售消费品和服务的市场。消费者市场中，消费者购买实物产品和服务产品的目的是满足自身的最终消费，而不是作为生产资料牟取利润。

相对于产业市场来讲，消费者市场具有一些特点，企业营销必须适应这些特点。概括起来，这些特点主要表现在以下三个方面：

1. 购买行为的多样性

消费者人数众多，差异性极大。由于消费者在年龄、性别、职业、收入、受教育程度、居住地等方面的不同，消费者有各式各样的兴趣和爱好，对商品的规格、质量，外观式样、价格等会产生多种多样的要求。而且，随着社会的发展和消费水平的提高，消费者需求在总量和结构上也将不断发展。

2. 购买行为的少量性和多次购买性

由于受家庭储藏条件和经济条件以及消费品本身特点的制约，消费者每次购买日常生活消费品的数量以能满足一定时间内个人及家庭的需要为限，一般来说比较少。由于消费者每次购买的数量较少，而其消费又具有日常性的特点，于是消费者就需要经常购买、反复购买，购买频率非常高。

3. 购买行为的可诱导性

和产业市场的购买行为相比，消费者需求及其购买行为更容易受外界刺激的影响，如企业营销活动、工作环境、社会交际等等都会使消费者的需求发生变化。造成这种状况的原因，一是消费品花色品种繁多，质量性能各异，消费者很难掌握各种商品知识，他们在购买许多商品，尤其是复杂的耐用消费品和新产品时，更需要卖方的宣传和介绍。二是许多消费品替代性强，需求弹性较大，消费者对商品品质的要求也不像生产者那样严格。因此，企业不仅要适应和满足消费者的需求，也要善于影响和诱导消费者的购买行为。

3.1.2 消费者购买行为模式

企业在当今市场上要从事有效的营销活动，必须要搞清楚五个W和一个H，即什么（What）、谁（Who）、哪里（Where）、何时（When）、为何（Why）、如何（How）。它们概括了研究消费者行为的基本内容。

一、购买什么（What）

即了解消费者知道什么、购买什么。如冰箱有哪些牌子、哪些厂家生产手机等。通过调查消费者知道什么使我们了解企业产品的“知名度”。除此之外，还要了解“买什么”，要搞清产品的被接受性。如调查顾客买了什么牌号的电视机，买了什么香型的香皂等。通过了解，既可以搞清楚市场占有率和不同牌号的销售情况，也可以搞清楚消费者的爱好，以提供适合需要的商品和服务。

二、谁参与购买行为（Who）

“谁”，即既要了解实际消费产品的是哪些人，又要弄清购买行动中的“购买角色”问题。消费者是谁，指的是企业的目标顾客是谁；购买角色，即不同的购买中不同人的位置和作用。在许多购买行为中，不同的人扮演着不同的角色，有购买者、决策者、倡议者、影响者和消费者。购买者，指的是实际完成购买行动的人。决策者，指在是否买、如何买、哪里买等购买决策中作出完全或部分最后决定的人。影响者，指其看法或建议对最终决策有一定影响的人。倡议者，指最先发起购买意见或建议的人。消费者，指实际使用或消费产品或服务的人。如女青年到化妆品柜台买面霜，售货员从她挑选的商品及神色上可大致推断出此人既是购买者，又是消费者。但在很多情形下，表现没有这么明显。如，一中年顾客到糕点柜台买了一千克普通蛋糕，单凭现场表现，很难断言这位“购买者”是不是同时也是消费者。有可能是自己吃，也很可能这位顾客是为自己的父母或子女购买的。从以上各例可以看出，在许多商品的购买活动中，购买者、决策者与消费者是分离的。因此，要搞清楚在消费者的购买行动中，谁是决策者，谁是使用者，谁对决定购买有重大影响以及谁去购买商品。这样，企业在确定自己的目标市场时，才能掌握消费者心理，更有针对性地实施产品、价格策略以及促销措施。

【课堂讨论】

某一天，一家老年服装店里来了四位消费者，从他们亲密无间的关系上可以推测出这是一家子，并可能是专为老爷子来买衣服的。老爷子手拉一位十来岁的孩子，面色红润、气定神闲、怡然自得，走在前面，后面是一对中年夫妇。中年妇女转了一圈，很快就选中了一件较高档的上装，要老爷子试穿；可老爷子不愿意，理由是价格太高、款式太新，中年男子说“反正是我们出钱，你管价钱高不高呢”。可老爷子并不领情，脸色也有点难看。营业员见状，连忙说，“老爷子你可真是好福气，儿孙如此孝顺，你就别难为他们了”。

小男孩也摇着老人的手说，“好的好的，就买这件好了”。老爷子说“小孩子懂什么好坏”。但脸上已露出了笑容。营业员见此情景，很快将衣服包好，交给了中年妇女，一家人高高兴兴地走出了店门。

请分析这户人家不同的购买角色和营业员的销售技巧。

三、何地购买（Where）

即了解消费者在哪里购买，在哪里使用。在哪里购买，即了解消费者在购买某类商品时的习惯。如，出售祛斑霜就要搞清楚购买此商品的顾客愿意在百货商店里购买还是更相信药店里出售的商品。企业可以据此研究商品及服务的销售渠道和地点。在哪里使用，就是要了解消费者是在什么样的地理环境、气候条件、甚至于什么场所、什么场合使用商品。根据消费者使用的地点、场所的特征，使企业提供的产品和服务更具适应性。

四、何时购买（When）

“什么时候”，即了解消费者在具体的季节、时间甚至时点所发生的购买行为。搞清楚消费者什么时候消费哪类商品的服务，对于开发新产品、拓宽服务领域、增加服务项目有重要的意义。

五、怎样购买（How）

既包括要了解消费者怎样购买、喜欢什么样的促销方式，又包括要搞清楚消费者对所购商品如何使用。企业清楚了这两个问题之后，不仅可以针对不同商品的用途突出商品的差异，还可以作出适当的促销决策。有的特定地区、特定阶层消费者更宜接受人员推销方式，企业便可适当减少对这个地区的广告攻势而组织人员销售，以适应这部分人对促销方式的要求。再如，经销调味品的企业就要搞清消费者买到酱油后怎样用，是做卤汁用于卤肉制品，还是用作凉拌蔬菜的调料。企业搞清楚这些，才能提供多品种的、适宜的产品。

六、为何购买（Why）

即了解和探索消费者行为的动机或影响其行为的因素。消费者为什么喜欢这个牌号的商品而不喜欢另外一个；为什么单买这种包装、规格的商品而拒绝接受其他种类等等。只有探明了原因与动机，企业才可以比较全面地了解消费者的需要。

以上六个方面，是企业经常遇到的需要解决的问题。但这六个问题的难易程度大不相同。前五个问题是消费者行为公开的一面，即购买行为的外部显露部分，企业可以通过观察、询问等方式获得较明确的答案。而第六个问题——“为什么购买”却是隐蔽的、错综复杂的和难以捉摸的。对企业营销者来说就像面对照相器材的暗箱，明明知道里面运作不停，却不能看见其动作一样。购买行为的发生或拒绝接受的行动都是这一暗箱运作的结果，但企业从外面却看不到内部的活动，这对企业营销者来说是个谜。这就是我们所说的购买者暗箱。许多学者和营销人员试图从不同的角度解开这个谜，但此问题目前仍在研究当中。

3.1.3 影响消费者购买行为的主要因素

影响消费者购买行为的主要因素有消费者自身因素、社会因素、心理因素等。分析影响消费者购买行为的因素，对于企业正确把握消费者行为、有针对性地开展市场营销活动具有极其重要的意义。

一、消费者自身因素

消费者购买行为首先受其自身因素的影响，这些因素主要包括：

1. 消费者的经济状况

即消费者的收入、存款与资产、借贷能力等。

消费者的经济状况会强烈影响消费者的消费水平和消费范围，并决定着消费者的需求层次和购买能力。消费者经济状况较好，就可能产生较高层次的需求，购买较高档次的商品，享受较为高级的消费。相反，消费者经济状况较差，通常只能优先满足衣食住行等基本生活需求。

2. 消费者的职业和地位

不同职业的消费者，对于商品的需求与爱好往往不尽一致。一个从事教师职业的消费者，一般会较多地购买书报杂志等文化商品；而对时装模特来说，漂亮的服饰和高雅的化妆品则更为需要。消费者的地位不同也影响着其对商品的购买。身在高位的消费者，将会购买能够显示其身份与地位的较高级的商品。

3. 消费者的年龄与性别

消费者对产品的需求会随着年龄的增长而变化，在生命周期的不同阶段，相应需要各种不同的商品。如在幼年期，需要幼儿食品、玩具等；而在老年期，则更多地需要保健品和延年益寿产品。不同性别的消费者，其购买行为也有很大差异。烟酒类产品较多地为男性消费者购买，而女性消费者则喜欢购买时装、首饰和化妆品等。

4. 消费者的性格与自我观念

性格是指一个人特有的心理素质，通常用刚强或懦弱、热情或孤僻、外向或内向、创意或保守等来描述。不同性格的消费者具有不同的购买行为。刚强的消费者在购买中表现出大胆自信，而懦弱的消费者在挑选商品中往往缩手缩脚。

二、社会因素

人是生活在社会之中的，因而消费者的购买行为将受到诸多社会因素的影响。

1. 社会文化因素对消费者购买行为的影响

文化通常是指人类在长期生活实践中建立起来的价值观念、道德观念以及其他行为准则和生活习俗。任何文化还都包含着一些较小的群体或所谓的亚文化群。它们以特定的认同感和影响力将各成员联系在一起，使之持有特定的价值观念、生活格调与行为方式。这种亚文化群有许多不同类型，其中影响购买行为最显著的主要有：

(1) 民族亚文化群。如我国除了占人口多数的汉族外，还有几十个其他民族，他们在食品、服饰、娱乐等方面仍保留着各自民族的许多传统情趣和喜好。

(2) 宗教亚文化群。以我国来说，就同时存在着伊斯兰教、佛教、天主教等。信仰不同宗教的人士特有的偏好和禁忌在购买行为和购买种类上表现出许多特征。

(3) 地理亚文化群。如我国华南地区与东北地区，或沿海地区与内地偏远地区，都有不同的生活方式和时尚，从而对商品的购买也有很大不同。

2. 社会相关群体对消费者购买行为的影响

相关群体是指对消费者的态度和购买行为具有直接或间接影响的组织、团体和人群等。消费者作为社会一员，在日常生活中要经常与家庭、学校、工作单位、左邻右舍、社会团体等发生各种各样的联系。

家庭是消费者最基本的相关群体，因而家庭成员对消费者购买行为的影响显然最强烈。现在大多数市场营销人员都很注意研究家庭不同成员，如丈夫、妻子、子女在商品购买中所起的作用和影响。一般来说，夫妻购买的参与程度大都因产品的不同而有所区别。家庭主妇通常是一家的采购者，特别是食物、家常衣着和日用杂品方面的购买，传统上更主要由妻子负责。但随着知识女性事业心的增强，男子参与家庭和家务劳动风气的逐步兴起，现在生产基本生活消费品的企业如果仍然认为妇女是他们产品唯一的或主要的购买者，那将在市场营销决策中造成很大的失误。当然，在家庭的购买活动中，其决策并不总是由丈夫或妻子单方面做出的，实际上有些价格昂贵或者不常购买的产品，往往是由夫妻双方包括已长大的孩子共同做出购买决定的。

亲戚、朋友、同学、同事、邻居等也是影响消费者购买行为的重要相关群体。这些相关群体是消费者经常接触，关系较为密切的一些人。由于经常在一起学习、工作、聊天等，消费者在购买商品时，往往受到这些人对商品评价的影响，有时甚至是决定性的影响。此外，影响消费者购买行为的社会因素还包括一定的政治、法律、军事、经济等因素。影响消费者购买行为的主要因素，除消费者自身因素、社会因素之外，还有企业和产品因素，如产品的质量、价格、包装、商标和企业的促销工作等。

人们购买一种商品的行为并不是突然发生的，在购买行为发生之前，购买者会有思维活动或行为来保证以后购买的商品自己能满意。一个消费者把商品买到家里后，他还会进一步研究他所买的商品，看看性能如何、味道如何等等。这样看来，与消费者购买行为相关的是一个完整的消费者的购买过程。对参与市场营销的企业来说，了解整个消费者的购买决策过程是很重要的，因为在消费者的购买过程中，企业可以制定一些策略来帮助消费者满足自己的需要。

三、心理因素

1. 需要

需要是消费者行为的最初原动力，消费需要反映了消费者某种生理或心理体验的缺乏状态，并直接表现为消费者对获取以商品或劳务形式存在的消费对象的需求和欲望。例如，人饥饿时会产生对食品的需要；感到寒冷时，会产生对御寒衣物的需要；感到孤独时，会产生友谊需要。正是为了满足形形色色的需要，消费者才会努力实施相应的购买行为。而当一种需要得到满足后，又会产生另一种新的需要，如此往复，形成连续不尽的消费行为。消费者的需要是复杂多变的，并且是多层次的。

在对需要层次的分析方面，美国心理学家马斯洛的需要层次理论对消费者行为的分析有着重要的参考价值。马斯洛认为，人的需要是有层次的，可以由低到高顺序排列成不同的层次，即生理需要、安全需要、社交需要、尊重需要和自我实现需要（图 3–1）。

（1）生理需要

它是人类最原始的基本需要，包括饥、渴、性和其他生理机能的需要。这些需要如果得不到满足，人类的生存就成了问题。从这个意义上说，它是推动人们行动的最强大的动力。

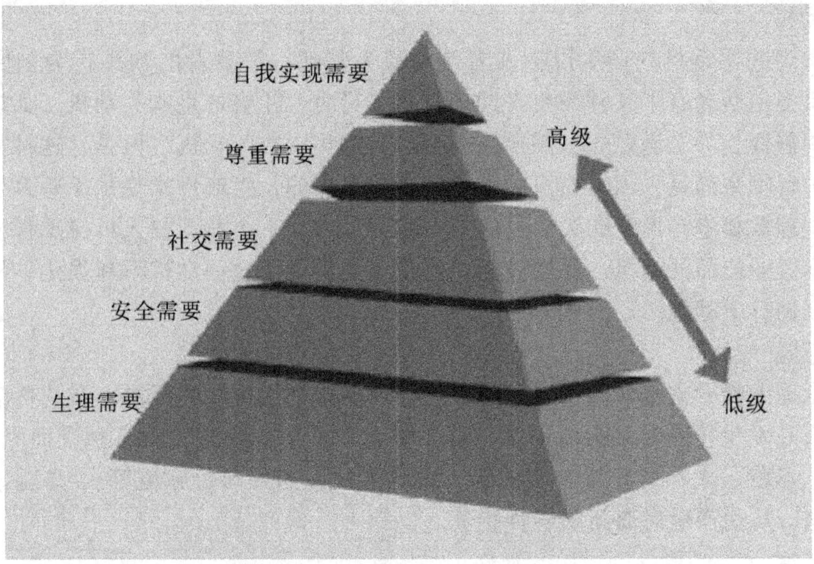

图 3-1 马斯洛五层需要示意图

(2) 安全需要

当一个人的生理需要得到满足后，就想满足安全的需要。要求摆脱失业的威胁，要求在将来年老或生病时有基本的保障，要求避免职业病的侵袭，希望解除严酷监督等等。

(3) 社交需要

马斯洛的社交需要含有两方面的内容，其一是爱的需要，即人都希望伙伴之间、同事之间的关系融洽或保持友谊和忠诚，希望得到爱情，人人都渴望爱别人，也渴望得到别人的爱。其二是集团或群体的感情，希望成为团体中的一员并得到相互关心和照顾。社交需要比生理需要细致，它和一个人的生理特征、经历、受教育状况、宗教信仰等都有关系。

(4) 尊重需要

人希望自己有稳定的地位，同时又有对名利的渴望，要求个人能力、成就得到社会的承认等。尊重需要可以分为内部尊重和外部尊重。内部尊重是指一个人希望在各种不同的环境中，自己有实力、能胜任、充满信心、能独立自主、有自尊心；外部尊重是指一个人希望有地位、有威望，受到别人尊重、信赖以及高度评价。

(5) 自我实现需要

这种需要是更高层次的需要，就是希望在工作上有所成就，在事业上有所建树，实现自己的理想和抱负。自我实现的需要通常表现在两个方面：① 胜任感。有这种需要的人力图控制事物或环境，不是等事情被动地发生、发展，而是希望在自己的控制下进行。② 成就感。这一需要是指人们在工作中常常为自己设置一些既有一定困难，但经过努力又可以实现的目标。

掌握需要层次理论，有助于营销人员深入细致地分析消费者需求，针对不同的需求层次设计不同的产品和服务，还对企业促销方案的制定和实施有重要作用。

2. 动机

消费者购买动机的产生以消费者的需要为基础，消费者的购买行为是由其动机引起的，只有当消费者有了某种需要并期望得到满足时，才会产生购买动机。如饥饿产生了充饥的心理需要，为了满足这一需要，就会产生购买食物的动机。但是，这种需要并不能确定用哪种食物来满足，因为充饥的食物是多种多样的，生产厂家也是千差万别的，因而消费者的生理需要不是形成购买动机的唯一原因。因此，企业营销人员应重视诱导消费者形成购买本企业产品的动机，并通过满足消费者的需要使这一动机不断强化，从而为本企业产品的畅销打下基础。

3. 感觉

感觉是人脑对直接作用于感觉器官的客观事物个别属性的反映。在消费活动中，当消费者与商品发生接触时，会借助眼、耳、鼻、舌、皮肤等感觉器官感受商品的物理属性，如颜色、形状、大小、光滑、粗糙等；化学属性，如气味、味道等，并通过神经系统传递至大脑，从而产生对商品的各种感觉。

4. 态度

态度是指个人对某些事物观念所持的正面或反面的评价。消费者的态度包含三个相互联系的部分，即信念、情感和意向。信念是指人们认为真实的事物。信念来自知识、见解，也有来自信任的。在实际生活中，消费者不是根据知识，而是根据见解和信任做出他们的购买决定。而信任往往产生于名牌商品、优质的服务、公道的价格等。情感是指商品和服务在消费者情绪上的反映，如对商品和广告是喜欢还是厌恶等。情感往往受消费者本人的心理特征与社会规范的影响。意向，即态度的动作倾向，具体指消费者采取某种方式行动的倾向，如是倾向于采取购买行动，还是倾向于采取拒绝购买行动。对营销人员来讲，研究消费者态度的形成，利用市场营销策略和手段，让消费者了解企业和产品，帮助消费者建立对本企业的正确信念，培养消费者对本企业商品和服务的情感，让本企业的产品和服务尽可能适应消费者的意向，使消费者的态度向着有利于本企业的方面转变，无疑是一项艰巨的工作。

【知识加油站】

为消费者找到贴心的理由

有这样的一个故事：一位年轻的母亲正在给自己的孩子换“一次性尿布”，这时门铃响了，原来是婆婆来家看望孩子。这下搞得母亲很紧张，情急之下，一脚将换下的尿布踢到床下，然后才去给婆婆开门。为什么要把尿布踢到床下呢？原来是怕婆婆看到后有意见。在婆婆看来，给孩子洗尿布是母亲的天职，哪能嫌麻烦呢？给孩子用“一次性尿布”的母亲，必定是一个怕麻烦、懒惰的、对孩子不负责任的母亲。有鉴于此，新的广告策划与策略针对这种心理进行了调整，广告诉求的重点发生了改变。新广告着重突出该尿布比布质尿布更好、更柔软、吸水性更强、保护皮肤，婴儿用了更卫生、更舒服等特点。把产品利益的重点放在孩子身上，淡化了对于母亲方便省事的描述。广告语是：“让未来总统的屁股干干爽爽!”于是，“一次性尿布”就受到了母亲们的普遍欢迎，因为它既满足了她们希望婴儿健康、卫生、舒适的愿望，又可心安理得地避免懒惰与浪费的指责，同时兼顾了两方面的心理满足。从此，“一次性尿布”就在美国流行起来。

3.1.4 消费者购买决策过程

分析和研究一般消费者的购买决策过程，明确消费者的购买行为类型，掌握消费者购买决策过程的主要步骤，是企业采取对应营销对策的基础性工作之一。

一、消费者购买行为的主要类型

根据欲购买的产品和消费者在购物时的参与程度，消费者购买行为可以分为四种类型：

1. 复杂的购买行为

复杂的购买行为是指消费者在购买价格高昂、购买频率低、不熟悉的产品（如电脑、汽车、商品房等）时，会投入很大精力和时间。一般来说，如果消费者不知道产品类型，不了解产品性能，也不知晓各品牌之间的差异，缺少购买、鉴别和使用这类产品的经验和知识，则需要花费大量的时间收集信息，学习相关知识，做出认真的比较、鉴别和挑选等购买努力。

2. 习惯性的购买行为

习惯性的购买行为是指在购买商品价格低廉、品牌间差异性小的商品（如酱油、啤酒等）时，消费者的介入程度会很低，并且会形成购买习惯。对于类似的低度介入的产品，消费者不会对品牌信息进行广泛研究，也不会对品牌特点进行评价，对决定购买什么品牌也不重视；相反，他们只是在看电视或阅读印刷品广告时被动地接受信息。消费者不会真正形成对某一品牌的态度，他之所以选择这一品牌，仅仅因为它是熟悉的。产品购买之后，由于消费者对这类产品无所谓，也就不会对它进行购后评价。

3. 减少不协调感的购买行为

减少不协调感的购买行为指消费者在购买产品时的介入程度并不高，但在购买后容易产生后悔、遗憾感觉，并会设法消除这种不协调感。比如有些产品价格高但是各品牌之间并不存在显著差异，消费者在购买时不会广泛收集产品信息，也不会投入很大精力去挑选品牌，购买过程迅速而简单，但是在购买以后容易认为自己所买产品具有某些缺陷或觉得其他同类产品有更多的优点而产生失调感，怀疑原先购买决策的正确性。

4. 寻求多样性的购买行为

寻求多样性的购买行为是指消费者在购买某些价格不高但各品牌间差异显著时，容易有很大的随意性，频繁更换品牌。比如饼干这样的产品，品种繁多、各品牌间差异大、价格便宜，消费者在购买前不作充分评价，就决定购买，待到入口时再作评价。在下次购买时又转换其他品牌。转换的原因是厌倦原口味或想试试新口味，是寻求产品的多样性而不一定有不满意之处。

二、消费者购买决策过程的主要步骤

消费者的购买决策过程可以明显地分为五个阶段，它们是：认识需要、信息搜索、评估选择、购买决定与购后评估。

1. 认识需要

消费者首先要认识到自己需要某种商品的功能后，才会去选择和购买，因此，认识需要是消费者购买决策过程的第一个阶段。在这个阶段里，消费者认识到自己的即时状态与理想中的状态的差距，所以就想消除这个差距。许多因素都可以使人们认识到自己的需要。当人们看到冰箱里空了，就会去买蔬菜、水果、饮料等来补充它，甚至空了的酱油瓶和醋瓶也会引起人们认识到需要一瓶新的酱油和一瓶醋。正是因为许多因素都可以激发人们认识需要，因此，进行市场营销的企业可以通过广告来激发人们对新产品的需要，从而使他们放弃那些老的产品或者是在市场上已经没有竞争力的产品。

2. 信息搜索

消费者认识到自己的需要以后，便会自动地进入购买决策过程中的另一个阶段——信息搜索，当然，对于反复购买的商品，消费者会越过信息搜索阶段，因为所需信息已被消费者通过过去的搜索而掌握，这是不言而喻的。另外，对一个消费者来说，越贵的商品越能使消费者重视信息搜索。信息的外部来源有多种。

(1) 个人来源

亲戚和朋友是典型的外部信息来源，在与亲朋好友的谈天中，人们会获得关于商品的知识和信息，并且有相当一部分的消费者喜欢接受别人的建议及购物指南，尽管介绍商品的人的认识或消息来源有时也不十分准确。

(2) 公共来源

公共来源的范围较广，可以是政府或其他组织的评奖，也可以是报纸或杂志中关于产品的评论与介绍，还可以是广播电台或电视台组织的有关商品的节目。

(3) 商品来源

商品来源包括产品广告、推销员的介绍、商店的陈列或产品包装上的说明等，不过这些途径的信息对消费者来讲有时会有先天性的偏差，消费者可以同意或相信，也可以提出问题或根据自己的经验作其他评论。

3. 评估选择

(1) 品牌子集

所谓品牌子集是指消费者根据某种标准所作出的限定范围内的商品品牌。评估选择只在消费者的品牌子集中进行，这个子集并不包括该类产品的所有的品牌。

(2) 决定性因素

在消费者评价与选择的标准中，通常会有一项是促成消费者决策的主要因素，这项因素被称为决定性因素。决定性因素依商品的种类和消费者的感觉、生活方式、态度、需要等诸多方面的因素而变化。例如，当一位公司高级职员要买一块与他的地位相称的手表，他一般会去买欧米茄（OMEGA）牌的，这时的品牌就是他评价与选择的决定性因素。假如一位爱吃辣椒的消费者买零食，那么带辣味儿的食品就是他的首选食品，于是他会买带辣味儿的锅巴或虾条，至于说品牌，则不是他关注的要点。有时决定性因素并不止一个，可以是两个同样重要的因素。

对企业来说，使某种商品具有独一无二的特色并不是工作的全部，要紧的是这个特色必须与消费者眼里的决定性因素结合起来，这样才能吸引消费者并满足消费者的迫切需要。实际上这种思想已经被许多企业所利用，并在广告中不断地宣传产品的迎合消费者决定性因素的功能。洗涤剂的去污能力、电视录像一体机的便利、抗过敏药的无嗜睡性等，都是这方面的例子。

4. 购买决定

消费者经过搜索信息对产品进行了评价与选择后就会做出购买决定。当然，消费者也可能因为评价与选择过程中的问题推迟或取消购买的决定，这时消费者购买决策过程处于停滞状态。参与营销的企业不可能对消费者的购买决定做任何工作，因为消费者一旦做出购买决定，余下的只是在商店或其他地方完成交易，也就是付款、提货或安排交货地点等事宜。

5. 购后评估

将商品买回家以后，消费者的购买决策过程还没有终止，因为在最初使用商品的过程中，消费者会以购前的期望为标准来检查与衡量自己买回来的商品，为的是看看有没有什么问题或不满意的地方。

消费者的期望与消费者所购产品间的差异被称为双向差异。双向差异的校正主要由进行营销的企业来执行，例如检查产品说明有无给予消费者正确的指导，广告内容有无超现实的方面，产品制造方面是否尚存在缺陷等等。另一方面，对技术要求较高的产品，企业对消费者进行专门指导和培训是十分重要的，这一做法已被许多计算机公司和软件公司所采用。

【课堂练习】

个人为了人身安全和财产安全而对防盗设备、保安用品、保险产生的需要是（ ）

A. 生理需要　　B. 社会需要　　C. 尊重需要　　D. 安全需要

3.2 生产者市场购买行为分析

【引导案例】

对生产者市场推销失败的原因

推销员李宾销售一种安装在发电设备上的仪表，工作非常努力，不辞劳苦地四处奔波，但是收效甚微。

1. 李宾得悉某发电厂需要仪表，就找到该厂的采购部人员详细介绍产品，经常请他们共同进餐和娱乐，双方关系相当融洽，采购人员也答应购买，却总是一拖再拖，始终不见付诸行动。李宾很灰心，却不知原因何在。

2. 在一次推销中，李宾向发电厂的技术人员介绍说，这是一种新发明的先进仪表。技术人员请他提供详细技术资料并与现有同类产品作一个对比。可是他所带资料不全，只是根据记忆大致作了介绍，对现有同类产品和竞争者的情况也不太清楚。

3. 李宾向发电厂的采购部经理介绍现有的各种仪表，采购部经理认为都不太适合该厂使用，说如果能在性能方面作些小的改进就有可能购买。但是李宾反复强调本厂的仪表性能优异，认为对方提出的问题无关紧要，劝说对方立刻购买。

4. 某发电厂是李宾所在公司的长期客户，需购仪表时就直接发传真通知送货。该发电厂原先由别的推销员负责销售业务，后来转由李宾负责。李宾接手后采用许多办法与该公司的采购人员和技术人员建立了密切关系。一次，发电厂的技术人员反映有一台新购的仪表有质量问题，要求给予调换。李宾当时正忙于同另一个重要的客户洽谈业务，拖了几天才处理这件事情，认为凭着双方的密切关系，发电厂的技术人员不会介意。可是那家发电厂以后购买仪表时，又转向了其他供应商。

5. 李宾去一家小型发电厂推销一种受到较多用户欢迎的优质高价仪表，可是说破了嘴皮，对方依然不为所动。

6. 某发电厂同时购买了李宾公司的仪表和另一品牌的仪表，技术人员、采购人员和使用人员在使用两年以后对两种品牌进行绩效评价，列举事实说明李宾公司的仪表耐用性不如那个竞争性品牌。李宾听后认为事实如此，无话可说，听凭该电厂终止了同本公司的生意关系而转向竞争者购买。

思考题：推销员李宾对生产者市场推销失败的原因有哪些?

生产者市场就是由这样一种个体和组织构成的，它们采购货物和劳务的目的不是为了个人消费而是为了加工生产其他产品，以便出售或出租，从中牟利。

3.2.1 生产者市场的特点

生产者市场在市场结构和需求特性方面与消费者市场有许多不同的特点，主要表现在以下几个方面：

一、购买者规模较大，购买者数量较少

生产者市场上的购买者，绝大多数都是企业单位，购买的目的是满足其一定规模生产经营活动的需要，因而购买者的数量很少，但购买规模很大。

二、地理位置集中

由于国家的产业政策、自然资源、地理环境等因素对生产力空间布局的影响，容易导致其在生产分布上的集中，我国现代化大工业主要集中于东北、华北、东南沿海一带。正因为这样，企业把生产资料卖给企业购买者的费用就可以降低。

三、生产者市场的需求是派生需求

派生需求又叫引申需求，即生产者市场的需求是由消费者市场的需求派生和引申出来的。例如，消费者对皮鞋、皮包的需求，引申出皮鞋皮包厂对皮革的需求。派生需求要求企业不仅要了解直接服务对象的需求情况，而且要了解连带的消费者市场的需求动向，同时企业还可通过刺激最终消费者对最终产品的需求来促进自己的产品销售。

四、生产者市场的需求波动性较大

生产者市场比消费者市场的需求波动性更大。这是因为，生产者市场内部的各种需求之间具有很强的连带性和相关性，而且消费者市场需求的结构性变化会引起生产者市场需求的一系列连锁反应；受经济规律的影响，消费者市场需求的少量增加与减少，会导致生产者市场需求较大幅度的增加和减少；生产者市场的需求更容易受各种环境因素（尤其是宏观环境因素）的影响，从而产生较大的波动。

五、生产者市场的需求一般都缺乏弹性

在生产者市场中，生产资料购买者对价格不敏感，一般不受市场价格波动的影响。生产者市场的需求在短期内尤其缺乏弹性。这是因为生产者不能在短期内明显改变其生产工艺。例如，建筑业不能因水泥涨价而减少用量，也不能因钢材涨价而用塑料代替钢材。

六、长期联系

生产者市场上的买卖双方倾向于建立长期的业务联系，相互依存。尤其是生产者市场的供方一定要通过有效的服务与顾客建立长期的业务联系，以保持自己产品的市场占有率和企业的稳定客户。

七、生产资料的购买要求较为严格

这是因为，所购买的生产资料将被用于生产经营活动，不易替代，且单位产品价值较高，购买的数量较大，其质量好坏、适用性等会给企业的生产经营过程、满足市场需求的盈利能力等方面形成较大的影响。因此，生产资料购买者对所购产品在技术经济性等方面有着严格的要求。

【知识加油站】

加速理论：消费者需求的少量增加能导致产业购买者需求的大大增加。这种必然性，西方经济学称之为加速理论。有时消费者需求只增加 10%，就能使上游产业购买者需求出现 200%的增加。

3.2.2 生产者购买行为的类型

生产者购买决策过程的复杂程度和决策项目的多少，取决于其决策类型。有三种决策类型：

一、直接重购型

直接重购，即购买一方企业为了生产需要，按照原来的购买方式和条件，向原来的供应商订货，这是一种常规的购买行为。针对这种购买类型，供应方的努力重点应在保持产品和服务的质量。直接重购型对竞争者来讲机会很少。

二、修正重购型

修正重购，即购买方企业部分地改变要采购商品的规格、质量、价格或供应者。由于生产的需要，或为了争取优惠的条件而变更产品的规格、数量、价格或其他条款，或重新选择供应商。这种类型对原供应商是个威胁，迫使企业全力以赴以保住这个客户，而对于其他竞争者则是个获取新订单的好机会。

三、新购型

新购，即购买方企业首次购买从未购买过的设备、原料、服务等，并在市场上寻找供应商。由于买方对新购买的产品心中无数，往往要求获得大量有关信息，且参加制定购买决策的人数也较多。显然，这种购买为市场营销者提供了最好的机会。

【课堂讨论】

在三种购买决策类型中，哪一种所需决策最少？哪一种所需决策最多？

3.2.3 生产者购买决策过程

一、影响生产者购买行为的主要因素

同消费者购买行为一样，生产者的购买行为也同样会受到各种因素的影响。美国的韦伯斯特和温德将影响生产者购买行为的各种因素概括为四个主要因素：即环境因素、组织因素、人际因素和个人因素。

1. 环境因素

在影响生产者购买行为的诸多因素中，经济环境是主要的。生产资料购买者受当前经济状况和预期经济状况的严重影响，当经济不景气或前景不佳时，生产者就会缩减投资，减少采购，压缩原材料的库存和采购。此外，生产资料购买者也受科技、政治和经济发展的影响。营销者要密切关注这些环境因素的作用，力争将问题变成机遇。

2. 组织因素

每个企业的采购部门都有自己的目标、政策、工作程序和组织结构。生产者市场营销者应了解并掌握购买者企业内部的采购部门在它的企业里处于什么地位——是一般的参谋部门，还是专业职能部门；它们的购买决策权是集中决定还是分散决定；在决定购买的过程中，哪些人参与最后的决策等等。只有对这些问题做到心中有数，才能使自己的营销有的放矢。

3. 人际因素

这是企业内部的人事关系的因素。生产资料购买的决定，是由公司各个部门和各个不同层次的人员组成的采购中心做出的。采购中心的成员由质量管理者、采购申请者、财务主管者、工程技术人员等组成。这些成员的地位不同、权力有异、说服力有区别，他们之间的关系亦有所不同，而且对生产资料的采购决定所起的作用也不同，因而在购买决定上呈现纷繁复杂的人际关系。生产资料营销人员必须了解用户购买决策的主要人员、他们的决策方式和评价标准、采购中心成员间相互影响的程度等，以便采取有效的营销措施，获得用户的光临。

4. 个人因素

生产者的购买行为虽为理性活动，但参与采购决策的仍然是一个一个具体的人，而每个人在做出决定和采取行动时，都不可避免地受其年龄、收入、所受教育、职位和个人特性以及对风险态度的影响。因此，市场营销人员应了解生产者市场采购员的个人情况，以便采取“因人而异”的营销措施。

二、生产者购买决策的主要阶段

生产者的购买过程一般要经过八个阶段：

1. 提出需要

这是生产者购买决策过程的起点。在这个阶段，营销人员应加强推销，经常开展广告宣传，派人访问用户，增强外部刺激，发掘潜在需求。

2. 确认需求

进一步确定所需产品的品种数量等。营销人员在此阶段要设法参与这一过程，并提供必要的帮助。

3. 说明需求

对所需产品的规格型号等技术指标作详细的说明。营销人员要运用价值分析技术，向顾客说明其产品有良好的功能。

4. 寻求供应商

是将那些有良好信誉和合乎自身要求的供应商列为备选对象。供应商应通过各种途径宣传介绍自己，扩大知名度，树立良好的信誉。

5. 征求建议

企业邀请供应商对企业的采购决策提出建议，并对其建议进行分析和评价。因此，供应商必须善于提出与众不同的建议，引起顾客的兴趣。

6. 选择供应商

初步选择比较合适的供应商，然后通过进一步洽谈，争取有利条件。在这个阶段，营销人员应注意了解采购者具体采购中最注重的因素，向其提出优于竞争者的条件，而在其他方面提出补偿条件，既可争取到订单，又不至于影响企业利益。

7. 正式订购

这是购买决策过程中的实际购买阶段。目前，西方企业普遍采取“一揽子合同”，即采购企业与供应商建立长期供货关系，供应商通过一定方式的承诺，可根据采购企业的需要随时按照原定交换条件供货，这样可使采购企业少量多次购买，以便减少库存量，加速资本周转，所以也称“无库存采购计划”。

8. 购后评价

采购部门向使用者征求意见，了解他们对购进产品的满意程度，并考察各个供应者的履约情况，然后根据这种检查和评估，决定对供应商的取舍。

【课堂练习】

生产者市场有哪些特点？

【本章小结】

1. 根据购买者的特点及其购买商品的目的，可以把市场分为消费者市场和生产者市场两种基本类型，相对于生产者市场而言，消费者市场具有多样性、少量性和多次购买性、可诱导性等特点。

2. 企业要在市场上从事有效的营销活动，必须搞清楚五个“W”和一个“H”，即“什么”、“谁”、“哪里”、“何时”、“为何”、“如何”。对于其中的“为何”，营销人员是难以捉摸的，就像面对照相器材的“暗箱”一样。影响消费者购买行为的因素有自身因素、社会因素、心理因素等。所有这些因素为企业如何更有效地赢得顾客和为顾客服务提供了线索。根据不同购买行为的复杂程度，可将购买行为划分为复杂的购买行为、寻求多样性的购买行为、减少不协调感的购买行为、习惯性的购买行为四种类型。复杂的购买决策过程可以分为五个步骤：认识需要、信息搜索、评估选择、购买决定与购后评估。

3. 生产者市场的购买者购买产品或服务是为了加工制造其他产品再出售以获得利润。与消费者市场相比，生产者市场具有购买者规模较大、购买者数量较少、地理位置集中、需求具有派生性、需求缺乏弹性等特点。生产者的购买行为可分为直接重购、修正重购、新购三种类型。影响生产者购买行为的主要因素有环境因素、组织因素、人际因素和个人因素四大类。生产者购买决策过程一般分为八个步骤：提出需要、确认需求、说明需求、寻找供应商、征求意见、选择供应商、正式订购、购后评价。

【本章习题】

一、单项选择题

1. 马斯洛认为需要按其重要程度分，最低层次需要是指（　　）。

A. 生理需要　B. 社会需要　C. 尊重需要　D. 安全需要

2. 在复杂的购买行为中，消费者购买决策过程的第三个阶段是（　　）。

A. 确认　B. 收集信息　C. 备选产品评估　D. 决定购买

3. 生产者用户初次购买某种产品或服务称为（　　）。

A. 直接重购　B. 修正重购　C. 重购　D. 新购

4. 分析影响消费者行为的内在心理因素的目的是（　　）。

A. 降低调研成本

B. 了解消费者的经济承受能力

C. 区分不同阶层消费者以满足他们不同的需要

D. 采取适当的营销策略技巧，以诱导消费者作出对企业有利的购买决策

5. 下列因素中哪个不是影响生产者购买决策的主要因素（　　）。

A. 环境　B. 文化　C. 组织　D. 个人

二、多项选择题

1. 消费者的信息主要有（　　）等几个方面的来源。

A. 商品　B. 个人　C. 经验　D. 公共

2. 消费者市场的主要特点有（　　）。

A. 多样性　B. 少量性　C. 集中性　D. 可诱导性

3. 一个国家的文化包括的亚文化群主要有（　　）。

A. 语言亚文化群　B. 宗教亚文化群

C. 民族亚文化群　D. 种族亚文化群

4. 影响消费者购买行为的心理因素有（　　）。

A. 需要　B. 动机　C. 感觉　D. 态度

5. 生产者的购买行为类型有（　　）。

A. 直接重购　　B. 复杂的购买行为　　C. 修正重购　　D. 新购

三、判断题

1. 一般而言，人类的需要由低层次向高层次发展。（　　）

2. 消费者往往是在外部刺激下认识到需要的存在。（　　）

3. 通常，保龄球馆不会向节俭者群体推广保龄球运动。（　　）

4. 组织市场的需求是派生需求。（　　）

5. 消费品尽管种类繁多，但不同品种甚至不同品牌之间不能相互替代。（　　）

四、案例分析题

杭州“狗不理”包子店为何无人理

杭州“狗不理”包子店是天津狗不理集团在杭州开设的分店，地处杭州商业黄金地段。正宗的“狗不理”包子以其鲜明的特色而享誉神州，如皮薄、馅大、味道鲜美、咬一口汁水横流等。但是正当杭州南方大酒店创日销包子万余个的纪录时，杭州的“狗不理”包子店却很少有人问津，即使将楼下的三分之一的营业面积租给服装企业，依然“门庭冷落车马稀”。

试从影响消费者购买行为因素方面，分析杭州“狗不理”包子销售不畅的原因。

第四章　目标市场策略

* 学习目标
  4.1　市场细分
  4.2　目标市场
  4.3　市场定位
* 本章小结
* 本章习题

【学习目标】

*　理解市场细分、目标市场、市场定位的概念。

*　熟悉市场细分的标准，进行合理的市场细分。

*　掌握目标市场策略、市场定位策略及运用。

4.1　市场细分

【引导案例】

帕米亚无烟香烟

1998年下半年，美国RIR公司推出帕米亚无烟香烟。但是销售量不理想，再购率很低。这种香烟一端有一个碳头和几个有趣的圆珠，香烟中的尼古丁来源于此，尼古丁被耐燃的铝薄纸包裹。这种烟很难点燃，原因是它不像一般香烟那样燃烧，并且不产生烟灰，吸过与没吸过在外表上没有明显区别，价格比普通香烟高25%。RIR公司为此烟的生产和促销投入3亿多美元，采用比较复杂的印刷广告（顾客买“帕米亚”时，会同时得到三页文字说明书），还采取了买一送一的促销方式。

公司营销人员认为：大多数吸烟者开始会对“帕米亚”香烟不适应，但随着使用频率和使用时间的增加，最终会适应。公司把“洁净者之烟”作为帕米亚的主体广告概念，宣传帕米亚是"一种全新的吸烟享受时代的开端"。但是，"帕米亚"香烟的真正受益者非吸烟者个人，而是环境和他人。RIR公司对"帕米亚"香烟目标市场的定位极其广泛，包括：（1）25岁以上，受过良好教育的文雅的吸烟者；（2）试图戒烟和寻求替代品者；（3）吸烟成瘾者；（4）生活富裕者；（5）寻求低焦油含量者；（6）老年吸烟者。

来自《华尔街日报》的一个记者在亚特兰大机场对几十名吸烟者作了一项调查，结果是：60%以上的人不喜欢"帕米亚"香烟，主要是对它的味道和吸烟行为方式的改变不适应；40%的人回答说，只有在那些不允许冒烟的地方，才把"帕米亚"香烟作为第二品牌。

思考：

1. 从案例中看出，"帕米亚"无烟香烟是作为传统香烟的替代品上市的，具有环保和避免被动吸烟危害的显著优点，但却没有取得试销成功，试分析其原因。

2. "帕米亚"香烟要想取得理想的营销效果，需要在目标市场选择方面作何调整？

市场细分、目标市场选择及市场定位是企业营销战略的核心，简称STP战略，是市场营销理论研究者在20世纪50年代提出的重要概念。它表现出极强的生命力，提出之时即为企业界和理论界所接受，直至今日仍被广泛应用。三者合并研究，是因为它们是企业营销机会选择和确定过程的三个相互联系、不可分割的环节。其中，市场细分是企业选择目标市场和市场定位的基础。

4.1.1 市场细分的基本概念

市场细分的概念是美国市场学家温德尔·史密斯（Wendell R. Smith）于1956年提出来的。它是第二次世界大战结束后，美国众多产品市场由卖方市场转化为买方市场这一新的市场形势下企业营销思想和营销战略的新发展，更是企业贯彻以消费者为中心的现代市场营销观念的必然产物。

市场细分（market segmentation）是指营销者通过市场调研，依据消费者的需要和欲望、购买行为和购买习惯等方面的差异，把某一产品的市场整体划分为若干消费者群的市场分类过程。每一个消费者群就是一个细分市场，通常称为子市场。每一个子市场都是由具有类似需求的消费者构成的群体。因此，属于不同子市场的消费者对同一产品的需要和欲望有明显的差别，而属同一子市场的消费者，他们的需要和欲望却是相似的。如以牙膏市场为例，有的消费者要求牙膏能美白牙齿；有的消费者要求牙膏能去除牙病；有的消费者注重牙膏的味道。由此，牙膏的消费者就可以区分为三类消费者群，牙膏的市场也就被细分为三个子市场。可见，市场细分不是对产品分类，而是对同种产品的消费者进行分类，是识别具有不同需求的消费者的过程。

市场细分的客观基础是同一产品的消费需求的差异性。从需求角度来分类，各种社会产品的市场可以分为两大类，即同质市场和异质市场。凡是消费者对某一产品的需求欲望、购买行为等方面基本相同，这种产品的市场就叫同质市场，如面粉市场、钢材市场等。只有极少部分产品的市场属于同质市场。而凡是不同消费者对某一产品的需求欲望有明显差异的，这种产品的市场就叫异质市场，如服装市场、家电市场等。绝大多数社会产品的市场属于异质市场。同质市场或异质市场是一个不断发展的范畴，随着经济的发展，科技的进步，消费水平的不断提高，一些同质市场开始向异质市场转变，使得异质市场有逐渐增多的趋势。

4.1.2 市场细分的作用

市场细分是企业营销战略的核心内容之一，是决定企业营销成败的一个关键性问题。它对于企业改善经营管理、提高经济效益、更好地为顾客服务具有重要的作用。

一、有利于企业发现新的市场机会

企业通过市场细分，可以了解各个子市场消费者的需求情况和目前满足的程度，从而发现哪些消费者群的需求没有得到满足或没有得到充分满足。在需求满足程度较低的市场部分，就有可能存在着最好的市场机会。某钟表公司经过市场调查，把国内的手表市场细分为三个子市场：

1. 希望手表能计时，而且价格低的消费者，他们占整个市场的23%；
2. 希望手表计时精确，耐用，款式好，价格中等的消费者，他们所占的比例是46%；
3. 把手表看成是身份地位象征的顾客，他们占整个市场的31%。

而当时市场上的手表几乎都是名贵手表。也就是说，只有第三个子市场消费者的需求得到了满足，而占整个市场69%的子市场消费者的需求没有得到满足，这里存在着最好的市场机会。这个钟表公司针对这69%的子市场消费者的需求，开发出了一种物美价廉的手表，获得了成功。

二、有利于企业提高经济效益

经过市场细分，企业就避免了在整个市场分散使用力量，把人、财、物等有限的资源集中使用于一个或几个子市场上，营销活动更具有针对性，效率更高；而且费用低，整体经济效益有所提高。

三、从社会效益来看，市场细分有利于满足千差万别的消费需求

众多企业都采用市场细分策略，没有被满足的消费需求就会成为不同企业的一个又一个的市场机会，这样，新产品就会层出不穷，同类产品的花色品种就会丰富多样，消费者也就可能在市场上买到各自称心如意的商品。

4.1.3 市场细分的标准

市场细分的基础是顾客需求的差异性，所以，凡是使顾客需求产生差异的因素都可以作为市场细分的标准。由于各类市场的特点不同，因此，市场细分的条件也有所不同。

一、消费者市场的细分标准

消费者市场的细分标准可以概括为地理因素、人口统计因素、心理因素和行为因素四个方面，每个方面又包括一系列的细分变量，如表4–1所示。

表 4-1　消费品市场细分标准及变量一览表

细分标准	细分变量
地理因素	地理位置、城镇大小、地形、地貌、气候、交通状况、人口密集度等
人口统计因素	年龄、性别、职业、收入、民族、宗教、教育、家庭人口、家庭生命周期等
心理因素	生活方式、性格、购买动机、态度等
行为因素	购买时间、购买数量、购买频率、购买习惯(品牌偏好)

1. 地理细分

按地理因素细分，就是按消费者所在的地理位置、地理环境等变量来细分市场。具体变量包括国家、地区、城市、乡村、城市规模、人口密度、地形和气候等。地理细分之所以可行，是因为处在不同地理环境下的消费者，对同一类产品往往会有不同的需要与偏好。例如，在我国北方，冬天气候寒冷干燥，加湿器很有市场；但在江南，由于空气湿度大，基本上不存在对加湿器的需求。再比如，晾衣架在农村基本没有市场，而在城市则是必需品。

【知识加油站】

一个比利时地毯商人，为了把自己的地毯打进阿拉伯市场，根据阿拉伯国家穆斯林跪在地毯上做朝拜时，必须面向麦加城方向的特点，特意设计了一种地毯。这种地毯中间嵌有永远指向麦加城方向的指针，这样，教徒只要铺上了地毯，就能知道麦加城的方向所在。这一地毯一上市，就受到穆斯林的广大欢迎，成了供不应求的热门货。

2. 人口细分

按照人口统计因素来细分市场称作人口细分。这方面的具体变量有年龄、性别、职业、收入、家庭人口、家庭生命周期、民族、宗教、国籍等。由于人口变量比其他变量更容易测量，且适用范围比较广，因而人口变量一直是细分消费者市场的重要依据。

(1) 年龄

不同年龄段的消费者，由于生理、性格、爱好、经济状况的不同，对消费品的需求往往存在很大的差异。因此，可按年龄将市场划分为许多各具特色的消费者群，如儿童市场、青年市场、中年市场、老年市场等等。生产服装、食品、化妆品、杂志等商品的企业，经常采用年龄变量来细分市场。

(2) 性别

按性别可将市场划分为男性市场和女性市场。不少商品在用途上有明显的性别特征，如男装和女装、男表与女表。在购买行为、购买动机等方面，男女之间也有很大的差异，如妇女是服装、化妆品、厨房用品、小包装食品等市场的主要购买者，男士则是香烟、体育用品等市场的主要购买者。美容美发、化妆品、珠宝首饰、服装等许多行业，长期以来均按性别来细分市场。

(3) 收入

收入的变化将直接影响消费者的需求欲望。收入高的消费者就比收入低的消费者购买更高价的产品，如钢琴、汽车、空调、豪华家具、珠宝首饰等；收入高的消费者一般喜欢到大百货公司或品牌专卖店购物，收入低的消费者则通常在住地附近的商店、仓储超市购物。因此，汽车、旅游、房地产等行业一般按收入变量细分市场。

(4) 民族

世界上大部分国家都拥有多种民族，我国更是一个多民族的大家庭，除汉族外，还有55个少数民族。这些民族都有各自的风俗习惯、生活方式，从而呈现出各种不同的商品需求，如我国西北少数民族饮茶很多等。只有按民族这一细分变数将市场进一步细分，才能满足各族人民的不同需求，并进一步扩大企业的产品市场。

(5) 职业

不同职业的消费者，由于知识水平、工作条件和生活方式等不同，其消费需求存在很大的差异，如教师比较注重书籍、报刊方面的需求，文艺工作者则比较注重美容、服装等方面的需求。

(6) 教育状况

受教育程度不同的消费者，在志趣、生活方式、文化素养、价值观念等方面都会有所不同，因而会影响他们的购买种类、购买行为、购买习惯。

(7) 家庭人口

家庭人口数量不同，在住宅大小、家具、家用电器乃至日常消费品的包装大小等方面都会出现需求差异。

【课堂讨论】

20世纪70年代，美国强生公司针对老年人的发质特点，推出一种新型的洗发香波，广告中用“衰老”、“营养不足”等词汇来描述50岁以上老年人头发的特点，并特别指出“此香波极适用于年龄在50岁以上的老年人”。市场细分到此地步，按理销售应该不成问题。可过了一段时间，公司发现销售情况特别不好，有些地区甚至一瓶也没卖出去。

请从市场细分角度分析销路不畅的原因。

3. 心理细分

按心理因素细分，就是依据消费者的生活方式、性格、购买动机等变量来细分市场。

(1) 生活方式

当今世界许多行业，尤其是服装、化妆品、家具、娱乐等行业，重视按人们的生活方式来细分市场。生活方式是人们对工作、消费、娱乐的特定习惯和模式。不同的生活方式会产生不同的需求偏好，如“传统型”、“新潮型”、“节俭型”、“奢侈型”等。这种细分方法能显示出不同群体对同种商品在心理需求方面的差异性，如美国有的服装公司就把妇女划分为“朴素型妇女”、“时髦型妇女”、“男子气质型妇女”三种类型，分别为她们设计不同款式、颜色和质料的服装。

(2) 性格

消费者的性格与对产品的选择有很大的关系。性格可以用外向与内向、乐观与悲观、自信、顺从、保守、激进、热情、老成等词语来描述。性格外向、容易感情冲动的消费者往往好表现自己，因而他们喜欢购买能表现自己个性的产品；性格内向的消费者则喜欢大众化，往往购买比较平常的产品；富于创造性和冒险心理的消费者，则对新奇、刺激性强的商品特别感兴趣。

【知识加油站】

20世纪50年代后期，福特和雪佛兰汽车是按不同的个性来促销的。福特汽车的购买者被认为是独立的、易于冲动的、男子汉气质的、自信的人；而雪佛兰汽车的拥有者则为保守的、节俭的、关心声誉的、缺少男子汉气质的人。

(3) 购买动机

即按消费者追求的利益来进行细分。消费者对所购产品追求的利益主要有求实、求廉、求新、求美、求名、求安等，这些都可作为细分的变量。例如，有人购买手机只为了通话（求实），有人是注重特色、时尚（求新），有人则为了体现自身的身份地位（求名）等。因此，企业可对市场按利益变量进行细分，确定目标市场。

4. 行为细分

根据消费者不同的购买行为来细分市场称为行为细分。具体变量包括购买时间、购买数量、购买频率、对品牌的忠诚度等。

(1) 购买时间

许多产品的消费具有时间性，如烟花爆竹的消费主要在春节期间，月饼的消费主要在中秋节以前，旅游区在旅游旺季生意最兴隆。因此，企业可以根据消费者产生需要、购买或使用产品的时间进行市场细分，如航空公司、旅行社在节假日期间大做广告，实行优惠票价，以吸引消费者乘坐飞机外出旅游；商家在寒冷的冬季大做羽绒服广告，以有效增加销量；双休日商店的营业额大增，而在临近春节期间，销售额则更大等。因此，企业可根据购买时间进行细分，在适当的时候加大促销力度，采取优惠价格，以促进产品的销售。

(2) 购买数量

据此可分为大量用户、中量用户和少量用户。大量用户人数不一定多，但消费量大，许多企业以此为目标，反其道而行之，也可取得成功。如文化用品大量使用者是知识分子和学生，化妆品大量使用者是青年妇女等。

(3) 购买频率

据此可分为经常购买、一般购买、不常购买（潜在购买者）。如铅笔，小学生经常购买，高年级学生按正常方式购买，而工人、农民则不常买。

(4) 购买习惯（品牌偏好）

消费者对产品的偏好程度，是指消费者对某品牌的喜爱程度。按照消费者对某品牌产品的偏好程度来细分市场，可以把消费者市场划分为以下几个群体：

①单一品牌忠诚者：假设有A、B、C、D、E五个品牌，单一品牌忠诚者在任何时候、任何场合下，都只购买该种品牌的产品，购买习惯表现为A、A、A、A、A；

②几种品牌忠诚者：这类消费者一般忠实于几个品牌，购买习惯表现为A、A、A、B、B；

③无品牌偏好者：并无一定的品牌偏好，购买行为常带有很大的随意性，表现为A、C、D、B、E。

在前两类品牌忠诚者占很高比重的市场上，其他品牌难以进入；而对于那些“非品牌忠诚者”占较大比重的市场，企业应重新考虑原来的品牌定位和目标市场的确立等是否准确，以及随市场环境和竞争环境变化，需要对哪些营销组合因素重新调整和定位。

二、生产者市场的细分标准

上述消费品市场的细分标准有很多都适用于生产资料市场的细分，如地理环境、气候条件、交通运输、追求利益、对品牌的忠诚度等。但由于生产资料市场有它自身的特点，企业还应采用其他一些标准和变量来进行细分，最常用的有最终用户要求、用户规模、用户地理位置等变量。

1. 按用户的要求细分

产品最终用户的要求是细分生产资料市场最为常用的标准。不同的用户对同一产品有不同的需求。飞机制造公司对所需轮胎要求的安全性比一般汽车生产厂商要高许多；同是钢材，有的用于生产机器，有的用于造船，有的用于建筑等。因此，企业应针对不同用户的需求，提供不同的产品，设计不同的市场营销组合策略，以满足用户的不同要求。

2. 按用户经营规模细分

用户规模也是细分生产资料市场的重要标准。在生产者市场，大用户、中用户、小用户的区别要比消费者市场更为普遍，也更为明显。大用户户数虽少，但其生产规模、购买数量大；小客户数量多，分布面广，购买数量有限。许多时候，和一个大客户的交易量相当于与许多小客户的交易量之和，失去一个大客户，往往会给企业造成严重的后果。因此，企业应按照用户经营规模建立相应联系机制和确定恰当的接待制度。比如大客户，由经理亲自接待；小客户，由业务员接待就可以了。

3. 按用户的地理位置细分

每个国家或地区大都在一定程度上受自然资源、气候条件和历史传统等因素影响，形成若干工业区，例如江浙两省是丝绸工业区，以山西为中心是煤炭工业区，东南沿海是加工工业区等。这就决定了生产者市场往往比消费者市场在区域上更为集中，地理位置因此成为细分生产资料市场的重要标准。企业按用户的地理位置细分市场，选择客户较为集中的地区作为目标，有利于节省推销人员往返于不同客户之间的时间，而且可以合理规划运输路线，节约运输费用，也能更加充分地利用销售力量，降低营销成本。

三、市场细分的方法

市场细分的方法主要有单一因素法、综合因素法、系列因素法等。

1. 单一因素法

单一因素法是按影响消费者需求的某一因素来细分市场。例如，玩具市场需求量的主要影响因素是年龄，可以针对不同年龄段的儿童设计适合不同需要的玩具，这早就为玩具商所重视。除此之外，性别也常作为市场细分变量而被企业所使用，妇女用品商店、女人街等的出现正反映出性别标准为大家所重视。

2. 综合因素法

综合因素法即用影响消费需求的两种或两种以上的因素进行综合细分，例如按收入水平、年龄两个因素可将某一市场划分为不同的细分市场，每一格可代表一个细分市场，共有 12 个，如表 4–2 所示。

表 4–2　按收入和年龄细分市场

年龄 \ 收入	低	中	高
50 以上			
40~50			
30~40			
30 以下			

3. 系列因素法

这种方法也用两个或两个以上的因素，但依据一定的顺序逐次细分市场。细分的过程，也就是一个比较、选择分市场的过程。下一阶段的细分，在上一阶段选定的分市场中进行。例如，对服装市场选取性别、年龄、收入、购买动机四个因素进行细分，如表 4–3 所示。

表 4–3　依次按性别、年龄、收入和购买动机细分服装市场

性别	年龄	收入	购买动机
男	老年	高	求名
	中年	中	求新
女	青年	低	求美
	少年		求廉

【课堂练习】

单项选择题

细分市场是由相似的（　　）组成的。

A. 产品　　B. 行业　　C. 消费者群　　D. 企业

4.2 目标市场

【引导案例】

美国某一裤袜公司经过市场调查发现，40%的美国妇女因为太胖、臀部大而不穿裤袜，她们认为裤袜对她们的大臀部没有遮丑的功效，反而会夸大她们本来就“超大”的臀部。该公司认为，这40%的市场，是一个特别好的机会，因此，设计出一种名叫“大妈妈”型的裤袜。为这种裤袜设计的广告极具亲和力：三位胖墩墩的女孩儿穿上裤袜排成一列，标题是“大妈妈，你真漂亮”。三位胖女孩儿，脸上充满笑容，抬头挺胸，从侧面看上去，不但没有肥胖的感觉，反而充满了快乐和自信。广告播出后不到一个月，这种裤袜销量直线上升，极大地提高了该公司的知名度和市场占有率。

分析该公司成功的原因。

4.2.1 目标市场的含义

市场细分的目的是选择目标市场。所谓目标市场，就是企业根据自身能力所确定的、准备以相应的产品或服务满足其需求的消费者群体。比如，宝洁公司的海飞丝洗发水，其目标市场就是有头屑的消费者；大同蓝浪洗涤剂厂生产的洗衣膏，主要销往农村，其目标市场就是农村的消费者；强生公司的婴儿洗护用品，目标市场就是婴儿等等。

4.2.2 目标市场选择模式

根据产品和市场两个指标划分，有五种目标市场选择模式，如表4–4所示：

表4–4 五种目标市场

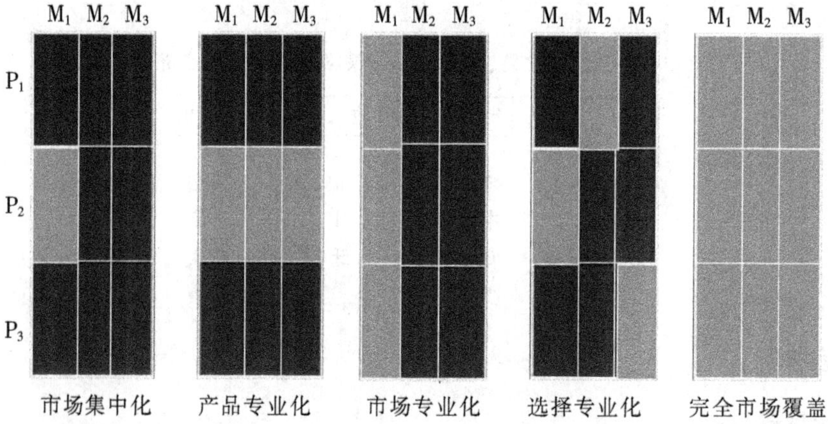

一、市场集中化

在产品–市场集中化模式下，企业为单一市场提供单一产品，是一种完全专业化模式。比如，某服装厂只生产老年冬季服装就是一种产品–市场集中化模式。具有专业化生产技能但受限于资金实力的小企业采用这种策略，往往可以取得良好的市场业绩。但这种产品–市场集中化覆盖模式，也需承担由于消费者偏好发生改变所导致的市场风险，为此企业需要在适当的时候进军其他市场。

二、产品专业化

企业专门生产一类产品供应不同的顾客市场，即为产品专业化模式。比如，企业为老年人、中年人、青年人、儿童甚至婴幼儿市场生产他们所需的服装。产品专业化模式有利于企业创造专业化生产和研发的优势。企业一般也可经由产品-市场集中化模式，沿产品专业化路径进行拓展，具备条件的企业也可以一开始就选择这种模式。

三、市场专业化

即企业选择某一类顾客为目标市场，并为这一市场开发生产所需要的各种产品。比如，针对老年市场，企业不仅生产老年服装，而且生产鞋帽袜等老年人需要的衣着用品。这种模式可以帮助企业树立良好的专业化声誉，而且在一定程度上分散了风险。

四、选择专业化

指企业选择若干个细分市场为目标市场，并为各个市场提供所需的产品。

五、完全市场覆盖

指企业选择所有的细分市场为目标市场，分别为这些市场提供不同的产品。

4.2.3 目标市场策略

企业选择目标市场的模式不同，营销策略也就不一样。概括起来，有三种目标市场策略可供企业选择：无差异性营销；差异性营销；集中性营销。

一、无差异性营销

这种策略是企业面对整个市场只提供一种产品，采用一套营销方案吸引所有的顾客。采用这种策略的企业把整个市场看成一个大的目标市场，不进行细分，认为目标市场上所有消费者对产品的需求基本上是一致的。可口可乐公司常常被看作是采用这种策略的典型案例：这家世界著名的大公司，由于拥有世界性专利，在20世纪60年代以前曾经以单一口味的品种、单一标准的瓶装和统一的广告宣传，长期占领世界软饮料市场。早期的福特汽车也是如此。亨利·福特曾经傲慢地说：“不管顾客需要什么样的汽车，我们的汽车就是黑色的。”

无差异性营销策略最大的优点是节约成本。大批量的单一品种的产品生产，降低了单位产品的生产成本；无差异的广告宣传活动，可以节省促销费用；不进行市场细分，也相应减少了市场调查的费用。但这种策略的缺点也是非常明显的。首先，消费者的需求毕竟是有差异的，一种产品长时间被所有的消费者接受是不可能的；其次，当许多大企业都采用这种策略时，就会造成在较大共性市场上竞争异常激烈而较小市场的需求却得不到满足的局面，这对企业和消费者都是不利的。正是由于这个原因，世界上一些长期采用这种策略的大企业不得不改弦易辙，转而实行差异性营销。可口可乐公司就是这样。在百事可乐竞争的攻击下，可口可乐公司不得不放弃了无差异性营销策略，也推出了雪碧、芬达、醒目等各种风格和口味的饮料，以满足不同市场的需求。

二、差异性营销

这种策略是一种以市场细分为基础的目标市场策略。采用这种策略的企业，把产品的整体市场划分为若干个子市场，从中选择两个以上甚至全部子市场作为自己的目标市场，并为每个选定的子市场制定不同的营销组合方案。

比如宝洁公司根据行为因素，把洗发水市场分为三个子市场，分别推出三种产品来满足各个子市场的需求：海飞丝（针对有头屑消费者，去屑）、飘柔（针对头发毛糙消费者，柔顺)、潘婷（针对头发干枯消费者，营养）。差异性营销的优点是由于企业在产品设计、推销宣传等营销策略方面能针对不同的子市场，有利于提高产品的竞争力和市场占有率。这种策略的缺点是多品种生产，会增加生产及营销成本，增加管理难度。一般该策略多为实力雄厚的大企业采用。

三、集中性营销

企业将所有的资源力量集中，以一个或少数几个性质相似的子市场作为目标市场，进行专业化经营，力图在较小的市场上获得较大的市场占有率。这种策略的优点是目标市场集中，企业资源集中，能快速开发适销对路的产品，树立和强化企业和产品形象，也有利于降低生产成本，节省营销费用，增加企业盈利。其缺点是目标市场狭小，经营风险较大。一旦市场需求突然发生变化，或出现更强的竞争对手，企业就可能陷入困境。该策略适用于实力弱、资源少的小型企业。

【知识加油站】

小油漆厂如何选择目标市场

英国有一家小油漆厂，经过市场调查，对油漆市场作了以下细分：本地市场的60%，是一个较大的普及市场，对各种油漆产品都有潜在需求，但是本厂无力参与竞争。另有四个分市场，各占10%的份额：(1) 家庭主妇群体，特点是不懂室内装饰需要什么油漆，希望油漆商提供设计，油漆质量好，效果美观；(2) 油漆工助手群体，替住户购买质量好的油漆，进行室内装饰，他们过去一向从老式金属器具店或木材厂购买油漆；(3) 老油漆技工群体，他们不买调好的油漆，只买颜料和油料自己调配；(4) 对价格敏感的青年夫妇群体，他们购买油漆不求质量，只要价格便宜，比白粉刷浆稍好就行。

经过研究，该厂决定选择 (4) 作为目标市场，并制定了相应的营销组合策略：(1) 产品。经营少数不同颜色、不同大小包装的油漆，并根据目标顾客的喜爱，随时增加、改变或取消颜色品种和装罐大小。(2) 分销。产品送抵目标顾客住处附近的每一家零售商店。目标市场范围内一旦出现新的商店，立即招徕经销本厂产品。(3) 价格。保持单一低廉价格，不提供任何特价优惠，也不跟随其他厂家调整价格。(4) 促销。以“低价”、“满意的质量”为口号，以适应目标顾客的需求特点。定期变换商店布置和广告版本，创造新颖形象，并变换使用的广告媒体。由于市场选择恰当，市场营销战略较好地适应了目标顾客，虽然经营的是低档产品，该企业仍然获得了很大成功。

4.2.4 影响目标市场策略选择的因素

前述三种目标市场策略各有利弊，企业到底应采取哪一种策略，应综合考虑企业、产品和市场等多方面因素予以决定。

一、企业资源或实力

当企业生产、技术、营销、财务等方面实力很强时，可以考虑采用差异性或无差异性市场营销策略；资源有限、实力不强时，采用集中性营销策略效果可能更好。

二、产品的同质性

指在消费者眼里，不同企业生产的产品的相似程度。相似程度高，则同质性高；反之，则同质性低。对于大米、食盐、钢铁等产品，尽管每种产品因产地和生产企业的不同会有些品质差别，但消费者可能并不十分看重，此时，竞争将主要集中在价格上。这样的产品适合采用无差异性营销策略。对于服装、化妆品、汽车等产品，由于在型号、式样、规格等方面存在较大差别，产品选择性强，同质性较低，因而更适合于采用差异性或集中性营销策略。

三、市场同质性

指各细分市场顾客需求、购买行为等方面的相似程度。市场同质性高，意味着各细分市场相似程度高，不同顾客对同一营销方案的反应大致相同，此时，企业可考虑采取无差异性营销策略；反之，则适宜采用差异性或集中性营销策略。

四、产品所处生命周期的不同阶段

产品处于投入期，同类竞争品不多，竞争不激烈，企业可采用无差异性营销策略。当产品进入成长期或成熟期时，同类产品增多，竞争日益激烈，为确保竞争优势，企业可考虑采用差异性营销策略。当产品步入衰退期时，为保持市场地位，延长产品生命周期，全力对付竞争者，可考虑采用集中性营销策略。

五、竞争者的市场营销策略

一般来说，企业的目标市场策略应与竞争者有所区别，或反其道而行之。如果强大的竞争对手实行的是无差异性市场营销策略，则本企业应实行集中市场营销或更深一层的差异市场营销策略；如果本企业面临的是较弱的竞争者，必要时可采取与之相同的策略，凭借实力击败竞争对手。

六、竞争者的数目

当市场上同类产品的竞争者较少、竞争不激烈时，可采用无差异性营销策略。当竞争者多、竞争激烈时，可采用差异性营销策略或集中性营销策略。

【课堂练习】

单项选择题

上海自来水公司的水供应千家万户，这是（　　）市场策略。

A. 无差异性　　B. 差异性　　C. 密集型　　D. 相关型

4.3 市场定位

【引导案例】

在金融业兴旺发达的香港，“银行多过米铺”这句话毫不过分。在这一弹丸之地，各银行使出全身解数，利用定位策略、突出各自优势，使香港的金融业呈现出一派繁荣景象。

汇丰银行：定位于分行最多、实力最强、全港最大的银行。

恒生银行：定位于充满人情味、服务态度最佳的银行。

渣打银行：定位于历史悠久、安全可靠的英资银行。

中国银行：定位于有强大后盾的中资银行。

廖创兴银行：定位于助你创业兴家的银行。

企业选定了目标市场以后，就要在目标市场上进行产品和企业的市场定位。

4.3.1 市场定位的含义和实质

市场定位就是针对竞争者现有产品在市场上所处的位置，根据消费者对产品某一属性或特征的重视程度，为产品设计和塑造一定的个性或形象，并通过一系列营销努力把这种个性或形象强有力地传递给顾客，从而适当地确定该产品在市场上的竞争地位。这表明，市场定位是通过为自己的产品创立鲜明的特色或个性，从而塑造出独特的产品市场形象来实现的。市场定位并不是你对一件产品本身做些什么，而是你在潜在消费者的心目中是什么。市场定位的实质是使本企业与其他企业严格区分开来，使顾客明显感觉和认识到这种差别，从而在顾客心目中占有特殊的位置。

4.3.2 市场定位的步骤

市场定位的关键是企业要设法在自己的产品上找出比竞争者更具有竞争优势的特性。竞争优势一般有两种基本类型：一是价格竞争优势，就是在同样的条件下比竞争者定出更低的价格。这就要求企业采取一切措施来降低单位成本。二是偏好竞争优势，即能提供确定的特色来满足顾客的特定偏好。这就要求企业采取一切措施在产品特色上下工夫。因此，企业市场定位的全过程可以通过以下三大步骤来完成。

一、分析目标市场的现状，确认潜在的竞争优势

这一步骤的中心任务是要回答以下三个问题：一是竞争对手产品定位如何？二是目标市场上顾客需求满足程度如何以及顾客还需要什么？三是针对竞争者的市场定位和潜在顾客的真正需求，企业应该及能够做什么？通过回答上述三个问题，企业就可以从中把握和确定自己的潜在竞争优势在哪里。

二、准确选择竞争优势，对目标市场初步定位

竞争优势表明企业能够胜过竞争对手的能力。这种能力既可以是现有的，也可以是潜在的。选择竞争优势实际上就是一个企业与竞争者各方面实力相比较的过程。通常的方法是分析、比较企业与竞争者在经营管理、技术开发、采购、生产、市场营销、财务和产品等七个方面究竟哪些是强项，哪些是弱项。借此选出最适合本企业的优势项目，以初步确定企业在目标市场上所处的位置。

三、显示独特的竞争优势和重新定位

这一步骤的主要任务是企业要通过一系列的宣传促销活动，将其独特的竞争优势准确地传播给潜在顾客，并在顾客心目中留下深刻印象。

为此，企业首先应使目标顾客了解、知道、熟悉、认同、喜欢和偏爱本企业的市场定

位，在顾客心目中建立与该定位相一致的形象。其次，企业通过各种努力强化在目标顾客心目中的形象，保持目标顾客的了解，稳定目标顾客的态度和加深目标顾客的感情来巩固与市场相一致的形象。最后，企业应注意目标顾客对其市场定位理解出现的偏差或由于企业市场定位宣传上的失误而造成的目标顾客模糊、混乱和误会，及时纠正与市场定位不一致的形象。

企业的产品在市场上定位即使很恰当，但在下列情况下，还应考虑重新定位：

1. 竞争者推出的新产品定位于本企业产品附近，侵占了本企业产品的部分市场，使本企业产品的市场占有率下降。

2. 消费者的需求或偏好发生了变化，使本企业产品销售量骤减。

重新定位可能导致产品的名称、价格、包装和品牌的更改，也可能导致产品用途和功能上的变动，企业必须考虑定位转移的成本和新定位的收益问题。

4.2.3 市场定位策略

企业常用的市场定位策略有以下几种：

一、迎头定位

指企业选择在目标市场上与现有的竞争者相似或重合的市场位置定位，与竞争对手争夺同样的目标消费者。采用这种策略时，企业与竞争对手在产品、价格、分销及促销等方面实力相当、基本没有差别。

【知识加油站】

美国可口可乐与百事可乐是两家以生产、销售碳酸型饮料为主的大型企业。可口可乐自1886年创建以来，以其独特的味道扬名全球，使其“同胞兄弟”百事可乐在第二次世界大战前仍望其项背。

第二次世界大战后，百事可乐采取了针锋相对的策略，专门与可口可乐竞争。半个多世纪以来，这两家公司为争夺市场展开了激烈竞争，而他们都以相互间的激烈竞争作为促进自身发展的动力及最好的广告宣传，百事可乐借机得到迅速发展。1988年，百事可乐荣登全美十大顶尖企业榜，成为可口可乐强有力的竞争者，应该说这与百事可乐借名创名的市场定位策略是密不可分的。百事可乐总裁罗杰·恩瑞将竞争定义为“未必要打倒敌人”。事实正是这样，通过这场旷日持久的饮料大战，可乐饮料引起了越来越多消费者的关注，当大家对百事可乐–可口可乐之战兴趣盎然时，双方都是赢家，因为喝可乐的人越来越多，两家公司都获益匪浅。

二、避强定位

指企业尽力避免与实力较强的其他企业直接发生竞争，而将自己的产品定位于尚未被竞争对手占领且被许多消费者重视的市场区域内，使自己产品的某些属性或特性与较强的对手有比较明显的区别。如，“金利来”进入中国大陆市场时，就是填补了中国男士高档衣物的空位；美国的“七喜汽水”突出宣传自己不含咖啡因的特点，不同于“百事可乐”和“可口可乐”，成为非可乐型饮料的领先者。

三、重新定位

重新定位策略是指企业对已经上市的产品实施再定位。采用这种策略的企业必须改变目标消费者对其原有的印象，使目标消费者对其建立新的认识。一般情况下，这种定位的目的在于摆脱困境，重新获得增长与活力。例如：美国强生公司的洗发液由于产品不伤皮肤和眼睛，最初定位于婴儿市场，当年曾畅销一时。后来由于人口出生率下降，婴儿减少，产品逐渐滞销。经过分析，该公司决定重新将产品定位于年轻女性市场，突出介绍该产品能使头发松软、富有光泽等特点，再次吸引了大批年轻女性。

【课堂讨论】

元旦，某高校俱乐部前，一老妇守着两筐大苹果叫卖，因为天冷，买的人很少。一位教授见此情形，上前和老妇商量几句，然后走到附近商店买来节日织花用的红彩带，并和老妇一起将苹果两个一扎，接着高叫道："情侣苹果！两元一对！"经过的情侣们觉得很新鲜，用红彩带扎在一起的一对苹果看起来很有情趣，因此买的人很多。不一会儿，全卖光了。

用所学的市场定位原理分析教授卖苹果的方法。

【课堂练习】

单项选择题

不属于有效市场细分原则的是（　　）

A. 可衡量性　　B. 可区分性　　C. 动态性　　D. 经济性

【本章小结】

1. 任何一个企业都无法满足整个市场的需要，因此，准确地选择目标市场，是企业成功地进入市场的关键。企业只有正确地进行市场细分，才能选好目标市场，迈向成功之路。

2. 所谓市场细分，是指按照消费需求的差异性，把某一产品的整体市场划分为若干个子市场的过程。市场细分的客观依据是消费需求的差异性。

3. 消费者市场细分的标准主要有：地理环境因素、人口因素、心理因素和购买行为因素。生产者市场细分的标准有：用户要求、用户规模、用户地点等。

4. 市场细分的目的是选择目标市场。对目标市场的选择通常有三种策略：无差异性营销策略、差异性营销策略、集中性营销策略。企业在选择时必须考虑有关影响因素。

5. 企业还要在选定的目标市场上进行市场定位。市场定位的关键是确立产品的特色或个性。市场定位策略有：迎头定位、避强定位和重新定位。

【本章习题】

一、单项选择题

1. 在普通食盐市场上，消费者所表现的需求、欲望、购买行为以及对企业营销策略的反应都相似，这类产品的市场被称为（　　）。

A. 同质性市场　　B. 异质性市场　　C. 消费者市场　　D. 目标市场

2. “七喜”饮料一问世就向消费者宣称：“我不是可乐，我可能比可乐更好”，突出宣传自己不含咖啡因的特点，其采取的市场定位策略是（　　）。

A. 阵地防御策略　　B. 迎头定位策略

C. 非价格竞争策略　　D. 避强定位策略

3. （　　）差异的存在是市场细分的客观依据。

A. 产品　　B. 价格　　C. 需求　　D. 细分

4. 采用无差异性营销策略的最大优点是（　　）。

A. 市场占有率高　　B. 成本的经济性

C. 市场适应性强　　D. 需求满足程度高

5. 同质性较高的产品，宜采用（　　）。

A. 产品专业化　　B. 市场专业化

C. 无差异性营销　　D. 差异性营销

二、多项选择题

1. 地理细分变量有（　　）。

A. 地形　　B. 气候　　C. 城乡　　D. 交通运输

2. 除了对某些同质商品外，消费者的需求总是各不相同的，这是由消费者的（　　）等差异所决定的。

A. 个性　　B. 年龄　　C. 地理位置　　D. 文化背景

3. 若强大的竞争对手采用的是无差异性市场策略，企业要想打进市场，一般应采用（　　）。

A. 大量市场营销　　B. 集中性市场营销

C. 差异性市场策略　　D. 选择性市场策略

4. 目标市场策略包含的主要内容有（　　）。

A. 市场调研　　B. 市场细分

C. 目标市场选择　　D. 市场定位

5. 以下细分变量中，（　　）属于人口统计细分标准。

A. 教育程度　　B. 生活方式　　C. 社会阶层　　D. 年龄、性别

三、判断题

1. 市场细分实际上是对产品进行分类。（　　）

2. 市场细分是选择目标市场的目的和归宿。（　　）

3. 集中性市场营销策略一般适用于大型企业。（　　）

4. 无差异性市场营销策略的优点是能节省各项成本和费用。（　　）

5. 避强定位策略要求企业必须具有与竞争对手不相上下的竞争能力。（　　）

四、案例分析题

万宝路的重新定位

20 世纪 20 年代的美国，被称为“迷惘的时代”。经过第一次世界大战的冲击，许多青年都自认为受到了战争的创伤，并且认为只有拼命享乐才能将这种创伤冲淡。他们或在爵士乐的包围中尖声大叫，或沉浸在香烟的烟雾缭绕当中。于是“万宝路”出世了。“万宝路”这个名字也是针对当时的社会风气而定的。“MARLBORO”其实是“Man Always Remember Lovely Because Of Romantic Only”的缩写，意为“男人们总是忘不了女人的爱”。其广告口号是“像五月的天气一样温和”。用意在于争当女性烟民的“红颜知己”。

为了表示对女烟民的关怀，莫里斯公司把“Marlboro”香烟的烟嘴染成红色，以期广大爱靓女士为这种无微不至的关怀所感动，从而打开销路。然而几个星期过去了，几个月过去了，几年过去了，莫里斯心中期待的销售热潮始终没有出现。热烈的期待不得不面对现实中尴尬的冷场。

万宝路从 1924 年问世，一直至 20 世纪 50 年代，始终默默无闻。它的温柔气质的广告形象似乎也未给广大淑女们留下多少利益的考虑，因为它缺乏以长远的经营、销售目标为引导的带有主动性的广告意识。莫里斯的广告口号“像五月的天气一样温和”显得过于文雅，而且是对妇女身上原有的脂粉气的附和，致使广大男性烟民对其望而却步。这样的一种广告定位虽然突出了自己的品牌个性，也提出了对某一类消费者（这里是妇女）特殊的偏爱，但却为其未来的发展设置了障碍，导致它的消费者范围难以扩大。女性对烟的嗜好远不及对服装的热情，而且一旦她们变成贤妻良母，她们并不鼓励自己的女儿抽烟！香烟是一种特殊商品，它必须形成坚固的消费群，重复消费的次数越多，消费群给制造商带来的销售收入就越大。而女性往往由于其爱美之心，担心过度抽烟会使牙变黄，面色受到影响，在抽烟时较男性烟民要节制得多。万宝路的命运在上述原因的作用下，日趋黯淡。

抱着心存不甘的心情，莫里斯公司开始考虑重塑形象。公司派专人请利奥-伯内特广告公司为万宝路作广告策划，以期打出万宝路的名气销路。广告的重大变化是：万宝路的广告不再以妇女为主要对象，而是以硬铮铮的男子汉为主要对象。这个男子汉集中到美国牛仔这个形象上：一个目光深沉、皮肤粗糙、浑身散发着粗犷、豪气的英雄男子汉，在广告中袖管高高卷起，露出多毛的手臂，手指总是夹着一支冉冉冒烟的万宝路香烟。这种洗尽女人脂粉味的广告于 1954 年问世，它给万宝路带来了巨大的财富。仅 1954—1955 年间，万宝路销售量就提高了 3 倍，一跃成为全美第 10 大香烟品牌，1968 年其市场占有率上升到全美同行第二位。

现在，万宝路每年在世界上销售香烟 3000 亿支，用 5000 架波音 707 飞机才能装完。世界上每抽掉 4 支烟，其中就有一支是万宝路。是什么使名不见经传的万宝路变得如此令人青睐了呢？美国金融权威杂志《福布斯》专栏作家布洛尼克做了个试验，他向每个自称热爱万宝路味道品质的万宝路瘾君子以半价提供万宝路香烟，这些香烟虽然外表看不出牌号，但厂方可以证明这些香烟确为真货，并保证质量同商店出售的万宝路香烟一样，结果只有 21%的人愿意购买。布洛尼克解释这种现象说：“烟民们真正需要的是万宝路包装带给他们的满足感，简装的万宝路口味质量同正规包装的万宝路一样，但不能给烟民带来这种满足感。”调查中，布洛尼克还注意到这些万宝路爱好者每天要将所抽的万宝路烟拿出口袋 20~25 次。万宝路的包装广告所赋予万宝路的形象已经像服装、首饰等各种装饰物一样成为人际交往的一个相关标志。而万宝路的真正口味在很大程度上是依附于这种产品所创造的美国牛仔形象之上的一种附加因素。这正是人们真正购买万宝路的动机。

问题：

1. 万宝路原来的市场定位存在什么问题？
2. 万宝路的重新定位为何能够成功？

第五章　产品策略

* 学习目标

5.1　产品组合策略
5.2　产品生命周期
5.3　新产品
5.4　品牌策略
5.5　包装策略

* 本章小结

* 本章习题

【学习目标】

* 理解整体产品五个层次和产品组合的含义。
* 掌握产品生命周期各阶段的特点及营销策略。
* 了解新产品的类型及其开发程序。
* 掌握品牌及包装的基本知识和策略。

5.1　产品组合策略

【引导案例】

为顾客设计形象

美国、德国的一些服装商店，别出心裁地推出一种“形象设计服务”。店里专门聘请形象设计专家为每一位前来的顾客设计形象。专家根据顾客的身材、气质、经济条件等情况，出主意，做参谋，指导顾客该买什么服装，配什么领带或饰物；头发做成什么式样与服装、身材最相称；脚穿什么颜色和款式的鞋才能相得益彰等等，从而使服装及其各种配套物品最能体现顾客的长处，达到风度可人的理想境界。这项服务推出后，立即受到广泛欢迎，一时间，顾客如云，而且都是服装、饰物整套整套地购买，商店收入顿时大增。

产品策略是企业市场营销组合中的首要因素。企业市场营销活动的核心是满足市场需求，而市场需求的满足只能通过提供某种产品或服务来实现。企业的营销活动与市场需求的统一体现在产品上，企业与市场的关系也是由产品来连接的。离开能够满足消费者需求的产品，其他将无从谈起。因此，产品策略是市场营销组合中的基础策略。

5.1.1 产品的整体概念

人们通常理解的产品是指具有某种特定物质形状和用途的物品，是看得见、摸得着的东西。这是一种狭义的定义。而市场营销学认为，广义的产品是指人们通过购买而获得的能够满足某种需求和欲望的物品的总和，它既包括具有物质形态的产品实体，又包括非物质形态的利益，这就是“产品的整体概念”。

一、产品的整体概念

现代市场营销理论认为，产品的整体概念包含核心产品、形式产品、期望产品、延伸产品和潜在产品五个层次。

1. 核心产品

核心产品是指消费者购买某种产品时所追求的实际利益，是顾客真正要买的东西，因而在产品整体概念中核心产品是最基本、最主要的部分。消费者购买某种产品，并不是为了占有或获得产品本身，而是为了获得能满足某种需要的效用或利益，它是产品的灵魂。

例如，我们购买手机是为了方便沟通，购买面包是为了充饥，购买化妆品是为了把自己打扮得年轻漂亮，去迪斯尼乐园游玩为的是开心、刺激，购买理疗床是为了获得身体健康。可以说，企业在开发和设计产品乃至宣传产品时一定要明确自己产品能提供的利益所在，让消费者首先知道你的产品是干什么用的，这样的产品才具有吸引力。

2. 形式产品

形式产品是核心产品功能借以实现的形式，即向市场提供的实体和服务的外在形象。如果形式产品是实体物品，则它在市场上通常表现为产品质量水平、外观特色、式样、名称和包装等，产品的基本效用必须通过某些具体的形式才得以实现。市场营销者应首先着眼于顾客购买产品时所追求的利益，以求更完美地满足顾客需要，从这一点出发再去寻求利益得以实现的形式，进行产品设计。

形式产品是消费者通过感官能感受到的产品实体。包括：产品的形状、式样、商标、质量、包装、设计、风格、色调等等，其中质量、款式、特色、品牌、包装这五大特征对消费者具有很大的感官吸引力，它们承载着产品的核心内容——功能和效用。这些可以直接给予消费者触觉、嗅觉、视觉等方面的直观体验。

3. 期望产品

期望产品是指消费者在消费时或购买产品时通常希望和默认得到的与产品相关的一整套属性和条件，包括品牌影响力、企业文化等。例如：我们去星巴克喝咖啡希望味美、舒适、不限时间。消费者乘坐飞机希望安全、准时。购买电子产品希望款式新颖、功能齐全，到老伴体验店希望体验到孝心、感恩、健康、和谐文化。

4. 延伸产品

延伸产品是消费者在购买商品时所获得的全部附加服务和利益，包括分期付款、送货上门、免费安装和维修、技术指导、售后服务等。延伸产品的概念来源于对市场需要的深刻认识。因为购买者的目的是满足某种需要，因而他们希望得到与满足该项需要有关的一切。

因产品的消费是一个连续的过程，既需要售前宣传产品，又需要售后持久、稳定地发挥效用，因此，售前、售中和售后服务是必不可少的。可以预见，随着市场竞争的激烈展开和用户要求不断提高，延伸产品越来越成为市场竞争获胜的重要手段。

5. 潜在产品

潜在产品，即具有变化与改进潜质的产品部分，也就是最终可能会实现的全部附加部分和新转换部分。例如，在自行车上安装一个简易动力装置就可以当电动车，电视成为电脑显示器等。潜在产品是产品未来改进和发展的趋势。

【课堂讨论】

某公司经理说："在车间，我们生产的是化妆品；在商店，我们销售的是希望。"为什么？

二、产品组合的概念

1. 产品组合是指一个企业生产或经营的全部产品线、产品项目的结构。

2. 产品线是指具有相同使用功能但其型号、规格不同的一组类似的产品项目。一条产品线往往包括一系列产品项目。

3. 产品项目，是指同一产品线下各种类型的产品。

三、产品组合的宽度、长度、深度和关联度

产品组合的宽度又称产品组合的广度，是指一个企业的产品组合中所包含的产品线的数目。所包含的产品线越多，其产品组合的广度就越宽；反之，其产品组合的广度就越窄。如百货公司所经营的产品线就很多，珠宝首饰仅作为其一条产品线，每一种首饰类型就是一个产品项目；而专业的珠宝首饰企业所经营的产品线就比较窄，每一种类型即是一个产品线。

产品组合的长度是指一个企业产品组合中所包含的产品项目的总数。产品项目的总数除以产品线的数目即为产品线的平均长度。

产品组合的深度是指产品线中每个产品项目有多少品种。如飘柔洗发水有多少品种。

产品组合的关联度是指各种产品线在最终用途、生产条件、分销渠道或其他方面的相互关联的程度。

【知识加油站】

表 5–1　宝洁公司的产品组合

<table>
<tr><td rowspan="6">产品组合
的长度</td><td colspan="5">产品组合的宽度</td></tr>
<tr><td>洗涤剂</td><td>牙膏</td><td>香皂</td><td>尿布</td><td>纸巾</td></tr>
<tr><td rowspan="2">汰渍</td><td rowspan="4">佳洁士</td><td rowspan="2">舒肤佳</td><td rowspan="2">帮宝适</td><td>媚人</td></tr>
<tr><td>白云</td></tr>
<tr><td rowspan="2">碧浪</td><td rowspan="2">玉兰油</td><td rowspan="2">露肤</td><td>普夫</td></tr>
<tr><td>旗帜</td></tr>
</table>

1. 宽度。由表可以看出，宝洁公司有 5 条产品线，即：洗衣粉、牙膏、香皂、纸尿布、纸巾，所以宽度为 5。

2. 长度。在表中，产品品目总数是 11 个。我们再来看一看该公司产品线的平均长度：平均长度等于总长度（这里是 11）除以产品线数（这里是 5），所以结果为 2.2。

3. 深度。例如佳洁士牌牙膏有 3 种规格和 2 种配方（普通味和薄荷味），佳洁士牌牙膏的深度就是 6。通过计算每一品牌的产品品种数目，我们就可以计算出宝洁公司的产品组合的平均深度。

4. 关联度。由表看出，宝洁公司所生产经营的产品都是清洁用消费品，而且都是通过相同的渠道分销，就产品的最终使用和分销渠道而言，这家公司的这些产品组合的关联度大。

企业产品组合的宽度、长度、深度和关联度不同，就构成不同的产品组合。企业在选择、决定产品组合宽度、长度、深度和关联度时，会受到企业资源、市场需求及市场竞争的制约。企业产品组合的宽度、长度、深度和关联度主要取决于企业目标市场的需要。

研究产品组合的宽度、长度、深度和关联度在市场营销战略上具有重要意义。首先，企业增加产品的宽度，扩展经营领域，实行多元化经营，可以充分发挥企业优势，使企业尤其是大企业的资源、技术得到充分利用，开拓新的市场，提高经济效益；而且，实行多元化经营还可以分散企业的投资风险。其次，企业增加产品组合的长度和深度，可以占领同类产品中更多的细分市场，适应更广泛的消费者的不同需求和爱好。再次，企业加强产品组合的关联度，可以提高企业在某一地区或某一行业的声誉，提高企业的市场地位。

5.1.2 产品组合策略

企业产品组合策略，就是企业根据目标市场的需要和企业的经济实力，对产品的宽度、长度、深度和关联度进行不同的结合的策略。企业在制定产品组合策略时，根据不同的情况和目标市场的不同特点，可以选择如下几种策略：

一、扩大产品组合

扩大产品组合，包括拓展产品组合的广度和深度，即在目前的经营范围内，增加新的产品线和产品项目，搞多品种经营，扩大企业经营范围。拓展的方式有两种：一种是关联扩展，即增加与现有产品线相关的产品，如香皂厂在香皂产品线之外增加洗发水、沐浴液产品；另一种是无关联扩展，即增加与现有产品线无关的产品。

【知识加油站】

松下公司本是著名的家用电器厂商，但现在正在生产大型集成电路和精密陶瓷；丰田公司不仅生产汽车，还生产预制房屋，经营房地产业务；精工公司除大力发展钟表新品种，以求保持全球最大钟表商的地位外，还投资于机械、电脑、半导体等行业；索尼公司的经营范围也逐步由电子产品扩展到保险业与体育用品业；吉列公司过去98%的利润来自剃须刀，还积极从事有关化妆品如冷霜、花露水、香水以及理发工具等的开发，扩大了产品组合的宽度。

该策略的目标有这样几种：

一是通过扩大经营增加利润；

二是满足消费者差异化的需求；

三是添补市场空隙，防止竞争对手乘虚而入；

四是利用过剩的生产能力；

五是分散投资风险等。但不管怎样，必须使新增加的产品有足够的销售量。

二、缩减产品组合

缩减产品组合，就是减少产品组合的广度和深度，即在目前的经营范围内，剔除那些微利甚至亏损的产品线和产品项目，缩小经营范围，以便集中资源发展获利多的产品线和产品项目。在以下情况下，企业应考虑缩减产品组合：

一是已进入衰退期的亏损产品；

二是无力兼顾现有产品项目时，放弃无发展前途的产品；

三是市场出现疲软、不景气或能源、原材料供应紧张时，删减一部分次要的产品项目等。

三、产品线延伸

产品线的延伸是针对产品的档次而言的，在原有的档次基础上，可向上延伸、向下延伸、双向延伸。

1. 向上延伸

企业原来生产经营中、低档产品，逐渐增加高档产品，就是向上延伸。这样做，可以获得丰厚的利润，提高企业形象，完善产品线，并满足不同层次消费者的需要。当高档产品销售增长潜力大、利润率高而且企业具有经营高档产品的资源能力和营销能力时，企业可考虑采取这种策略，否则，应慎重行事。例如：熊猫手机一直定位在中低档国产手机，在获得一定的品牌认可度之后，熊猫集团不惜花费巨资，推出高档手机，企图打入高档市场，最终碰得灰头土脸，一败涂地。熊猫手机的技术及质量并不逊于同类竞争品牌，却始终卖不出好价钱，似乎怎么都改变不了消费者对熊猫手机“低档手机”的印象。

2. 向下延伸

企业在原来生产经营高、中档产品的基础上，逐渐增加低档产品项目，就是向下延伸。这样做，使产品趋向大众化，而且可以利用高档产品的声誉，吸引购买力水平较低的顾客，以扩大市场份额。例如：定位于高档产品市场的宝洁公司，在越来越多的国产品牌以更占优势的价位和强力的广告宣传纷纷抢占市场时，推出一系列“平民价位”的产品，给竞争对手以有力的打击。更重要的是，宝洁这一举措丝毫无损于它一贯的“高档”形象，反而给人“更具亲和力”的感觉。

但实行这种策略也会给企业带来一定风险，很可能影响企业原有产品的市场形象及名牌产品的市场声誉。

【课堂讨论】

美国“派克牌”金笔是世界上最著名的老牌产品之一，一直以来都以一种高档产品的形象出现，是身份和体面的标志，许多社会上层人物都喜欢带一支派克笔。到了1983年，为了占领更大的市场份额，派克公司决定将产品向3美元一支的低档产品延伸，并且迅速扩大了产量，结果派克笔不但没有顺利进入低档笔市场，反而使派克笔“钢笔之王”的形象和声誉受到了严重损害。一直是派克笔大本营的高档笔市场，其市场占有率也急剧下降，最终派克公司不得不让出了高档笔市场的领导地位，走向了衰败之路。

请分析派克公司衰落的原因。

3. 双向延伸

原来生产中档产品的企业，在具有了一定的市场优势后，同时增加高档产品和低档产品项目，称为双向延伸。这样做，可以扩大市场阵容，增强企业市场地位，提高竞争能力。但应注意，只有在原有中档产品的市场已取得优势、并且有足够的资源能力时，才可以这样做，否则还是单向延伸较稳妥。LG在中国的品牌策略是非常成功的，从进入中国市场之初，LG在品牌形象的塑造上一直是以“高端”形象示人，但产品价位却定位在中档，给消费者既实惠又有面子的感觉。在这样一种品牌基础上，一旦实行产品双向战略，既无损于LG原有的品牌形象，同时有利于掌握市场优势，扩大市场阵容。

四、产品线现代化

有时，产品线的长度是合适的，但出现产品在技术含量、款式等方面落后的情况，这时就必须对产品线进行更新，实施现代化改造。

做出产品现代化决策后，还要解决好是渐进式更新还是一次性彻底更新的问题。渐进式更新可以节省资金耗费，了解顾客和中间商的反应，但容易被竞争者发现企业意图，从而制定相应的对策。一次性更新可避免上述缺点，但需要的投资较大。对不同行业的企业来说，产品现代化的速度是不同的。一些技术含量高的产品如电子计算机，更新速度很快，企业应准确把握产品线现代化的时机，使之既不由于更新过快而导致现有产品线上的产品销路受到影响，又不由于更新过迟而导致市场份额被竞争者抢占。

【课堂练习】

单项选择题

上海大众汽车公司在生产了桑塔纳后又生产帕萨特，这是产品延伸中的（　　）

A. 向上延伸　　B. 向下延伸　　C. 双向延伸　　D. 纵向延伸

5.2 产品生命周期

【引导案例】

唐装的“快热速冷”

2001年的APEC会议，唐装大大地出了一回名。数十个与会国家的元首均身着鲜亮的唐装一字排开，这个广告效应恐怕是“策划大师”们望尘莫及的。也就是在那次会议之后，国内兴起了“唐装热”，杭州的丝绸企业一下子订单不断、火爆异常。“文化创造产业，理念改变命运”的格言，在唐装的复兴上得到了一个很美妙的注脚。

然而，好景不长，时隔半载有余，仅仅经历了一段蜜月般的旺销后，唐装产品的销售开始进入衰退期，市场的订单远非当初可比。真所谓“其兴也忽忽，其衰也忽忽”。有一些人把唐装的“快热速冷”归咎于消费者的口味变化及“薄情”。其实唐装的命运是丝绸产业尚未成熟的集中体现。比如，丝绸服装的很大的一个难题在于后整理技术的落后，一件鲜丽整烫的唐装在经过一次洗涤后便产生皱痕而无法复原，消费者购买后往往只能穿一次就只好束之高阁，而这个难题至今没有在唐装的设计上寻找到突破点；再比如，杭州丝绸企业虽然有上千家，但各自为政，至今没有出现一家具有领袖风范的企业，行业资源得不到有效整合，难以推进丝绸产业的进步。

产品生命周期，是指产品的市场寿命。一种产品进入市场后，它的销售量和利润都会随时间推移而改变，呈现一个由少到多、由多到少的过程，就如同人的生命一样，由诞生、成长到成熟，最终走向衰亡，这就是产品的生命周期现象。所谓产品生命周期，是指产品从进入市场开始，直到最终退出市场为止所经历的市场生命循环过程。产品只有经过研究开发、试销，然后进入市场，它的生命周期才算开始。产品退出市场，则标志着生命周期的结束。从理论上分析，完整的产品生命周期可分为导入期、成长期、成熟期和衰退期四个阶段，如图5-1所示。

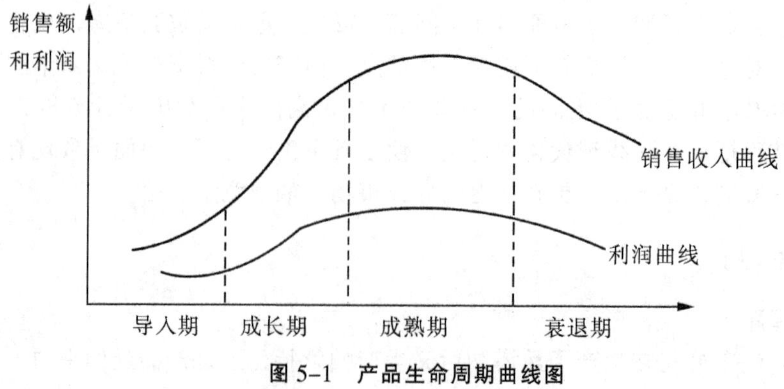

图5-1 产品生命周期曲线图

【课堂讨论】

产品的使用寿命长，还是产品的经济寿命长？为什么？

一、产品生命周期各阶段的特点

典型的产品生命周期的四个阶段呈现出不同的市场特征，企业的营销策略也就以各阶段的特征为基点来制定和实施。

第一阶段：导入期

新产品投入市场，便进入了导入期。此时产品品种少，顾客对产品还不了解，除少数追求新奇的顾客外，几乎无人实际购买该产品。生产者为了扩大销路，不得不投入大量的促销费用，对产品进行宣传推广。该阶段由于生产技术方面的限制，产品生产批量小，制造成本高，广告费用大，产品销售价格偏高，销售量极为有限，企业通常不能获利，反而可能亏损。

第二阶段：成长期

当产品经过导入期，销售取得成功之后，便进入了成长期。成长期是指产品通过试销，效果良好，购买者逐渐接受该产品，产品在市场上站住脚并且打开了销路。这是需求增长阶段，需求量和销售额迅速上升。生产成本大幅度下降，利润迅速增长。与此同时，竞争者看到有利可图，将纷纷进入市场参与竞争，使同类产品供给量增加，价格随之下降，企业利润增长速度逐步减慢，最后达到生命周期利润的最高点。

第三阶段：成熟期

指产品进入大批量生产并稳定地进入市场销售，经过成长期之后，随着购买产品的人数增多，市场需求趋于饱和。此时，产品普及并日趋标准化，成本低而产量大。销售增长速度缓慢直至转而下降，由于竞争的加剧，导致同类产品生产企业之间不得不加大在产品质量、花色、规格、包装服务等方面加大投入，在一定程度上增加了成本。

第四阶段：衰退期

是指产品进入了淘汰阶段。由于科技的发展以及消费习惯的改变等原因，产品的销售量和利润持续下降，产品在市场上已经老化，不能适应市场需求，市场上已经有其他性能更好、价格更低的新产品，足以满足消费者的需求。此时成本较高的企业就会由于无利可图而陆续停止生产，该类产品的生命周期也就陆续结束，以至最后完全退出市场。

【知识加油站】

每一种产品都要经历从产生、发展直至消亡的过程，但实际上不同产品种类、品类和具体牌号之间，其生命周期大不相同。产品种类的生命周期最长，甚至在一段相当长的时间内显示不出其阶段的变化；产品品类的生命周期次之；生命周期最短的是具体牌号的产品。例如，糖果是一种产品种类，糖果中的口香糖是其中的一个品类，而××牌口香糖则是具体牌号的产品。三者比较，自然糖果的生命周期最长，而××牌口香糖的生命周期最短。在实际经营中，企业运用产品生命周期理论分析产品种类的情况比较少，而更多地是分析产品品类或具体牌号的产品生命周期。

二、产品生命周期各阶段的营销策略

1. 导入期

在产品的导入期，一般可以由产品、分销、价格、促销四个基本要素组合成各种不同的市场营销策略。仅将价格高低与促销费用高低结合起来考虑，就有下面四种策略：

(1) 快速撇脂策略

即以高价格、高促销费用推出新产品。实行高价策略可在每单位销售额中获取最大利润，尽快收回投资；高促销费用能够快速建立知名度，占领市场。

实施这一策略须具备以下条件：

①产品有较大的需求潜力；

②目标顾客求新心理强，急于购买新产品；

③企业面临潜在竞争者的威胁，需要及早树立品牌形象。

一般而言，在产品导入阶段，只要新产品比替代的产品有明显的优势，市场对其价格就不会那么计较。

(2) 缓慢撇脂策略

以高价格、低促销费用推出新产品，目的是以尽可能低的费用开支求得更多的利润。

实施这一策略的条件是：

①市场规模较小；

②产品已有一定的知名度；

③目标顾客愿意支付高价；

④潜在竞争的威胁不大。

(3) 快速渗透策略

以低价格、高促销费用推出新产品。目的在于先发制人，以最快的速度打入市场，取得尽可能大的市场占有率。然后再随着销量和产量的扩大，使单位成本降低，取得规模效益。

实施这一策略的条件是：

①该产品市场容量相当大；

②潜在消费者对产品不了解，且对价格十分敏感；

③潜在竞争较为激烈；

④产品的单位制造成本可随生产规模和销售量的扩大迅速降低。

(4) 缓慢渗透策略

以低价格、低促销费用推出新产品。低价可扩大销售，低促销费用可降低营销成本，增加利润。

这种策略的适用条件是：

①市场容量很大；

②市场上该产品的知名度较高；

③市场对价格十分敏感；

④存在某些潜在的竞争者，但威胁不大。

2. 成长期

针对成长期的特点，企业为维持其市场增长率，延长获取最大利润的时间，可以采取下面几种策略：

(1) 改善产品品质

如增加新的功能，改变产品款式，发展新的型号，开发新的用途等。对产品进行改进，可以提高产品的竞争能力，满足顾客更广泛的需求，吸引更多的顾客。

(2) 寻找新的细分市场

通过市场细分，找到新的细分市场，根据其需要组织生产，迅速进入这一新的市场。

(3) 改变广告宣传的重点

把广告宣传的重心从介绍产品转到建立产品形象上来，树立产品名牌，维系老顾客，吸引新顾客。

(4) 适时降价

在适当的时机，可以采取降价策略，以激发那些对价格比较敏感的消费者产生购买动机和采取购买行动。

3. 成熟期

对成熟期的产品，宜采取主动出击的策略，使成熟期延长，或使产品生命周期出现再循环。为此，可以采取以下三种策略：

(1) 市场调整

这种策略不是要调整产品本身，而是发现产品的新用途、寻求新的用户或改变推销方式等，以使产品销售量得以扩大。

(2) 产品调整

这种策略是通过产品自身的调整来满足顾客的不同需要，吸引有不同需求的顾客。整体产品概念的任何一层次的调整都可视为产品再推出。

(3) 市场营销组合调整

即通过对产品、定价、渠道、促销四个市场营销组合因素加以综合调整，刺激销售量的回升。常用的方法包括降价、提高促销水平、扩展分销渠道和提高服务质量等。

4. 衰退期

面对处于衰退期的产品，企业需要进行认真的研究分析，决定采取什么策略，在什么时间退出市场。通常有以下几种策略可供选择：

(1) 继续策略

继续使用过去的策略，仍按照原来的细分市场，使用相同的分销渠道、定价及促销方式，直到这种产品完全退出市场为止。

(2) 集中策略

把企业能力和资源集中在最有利的细分市场和分销渠道上，从中获取利润。这样有利于缩短产品退出市场的时间，同时又能为企业创造更多的利润。

(3) 收缩策略

抛弃无希望的顾客群体，大幅度降低促销水平，尽量减少促销费用，以增加目前的利润。这样可能导致产品在市场上的衰退加速，但也能从忠实于这种产品的顾客中得到利润。

(4) 放弃策略

对于衰退比较迅速的产品，应该当机立断，放弃经营。可以采取完全放弃的形式，如把产品完全转移出去或立即停止生产；也可采取逐步放弃的方式，使其所占用的资源逐步转向其他的产品。

【课堂练习】

单项选择题

销售量最高且销量较稳定的阶段是 ( )

A. 导入期　B. 成长期　C. 成熟期　D. 衰退期

5.3 新产品

【引导案例】

"海信"电视何以能领先市场

在市场竞争日趋激烈的情况下，海信集团却能取得惊人的业绩：2011 年实现工业产值、销售收入、利税翻番，"海信"电视的市场占有率一直稳居第四位，其成功的关键在于重视产品开发，针对美国等发达国家加快彩电数字化进程的动态，海信集团立即进行产品转化，停止对模拟技术彩电的投入，集中精力研制面向 21 世纪的数字网络化高清晰彩电，在研究上，该集团注意吸收发达国家的数字技术，开发出一批批适合中国国情的新产品系列。

——"海信"舰系列。它是中国第二代数字化电视，包括多媒体彩电、数字化家庭影院系统、傻瓜智能电视、内藏卫星接收机（BS）彩电。

——"海信"图文电视。它是中国第一批中文图文电视，在北京、上海、武汉、沈阳、南京、天津等 50 多个大中城市同时面市后，立即掀起一般"海信图文旋风"。

——"海信"智能王。它采用大量的数字电路和数字模块，成功地实现了图像人工智能模拟控制、节目编程后自动转换频道、大容量的频道预置。

——有"绿色电视"之称的华彩"99"。它除采用消除 X 射线辐射的电路设计外，还采用了最新的自然平面显像管和动态聚集电路，纠正了屏幕边缘容易变形模糊的图像。

——"喜盈门"系列彩电。采用宽电压、提高电视接收灵敏度等电路设计，以适应农村电压不稳、信号弱的特点，深受农民朋友欢迎。

海信集团正是凭借高科技、新产品开拓出广阔的市场空间，成功地进入了中国电子 10 强行列。

5.3.1 新产品的概念

营销学意义上的新产品是指企业向市场提供的较原先已经提供的有根本不同的产品，这种产品具有与其他同类产品不同的特点，并能给用户带来某种新的利益。

5.3.2 新产品的种类

一、全新新产品

也称创新新产品，即指由新技术、新材料及新工艺应用于生产过程而制造出过去从未有过的产品。这类产品具有划时代意义，常常代表科学技术发展的一个新的突破。这类产品一旦在市场打开局面，将会表现出强大的生命力，能够为企业带来较长期的利润。这类产品一般研制时间长，要求技术条件高，企业成本投入比较多。但正因为如此，这也增大了其他企业仿制的困难，使先驱企业容易在竞争中获得有利地位，并在一定时期内维持优势。

二、换代新产品

是在老产品的基础上部分采用新技术、新材料、新结构研制在性能上显著提高的产品。如石英钟表是机械钟表的换代产品，DVD 是 VCD 的换代产品。

三、改进新产品

它是指企业对现有产品用料、外观、造型等作部分改进而形成的新产品。如手表从圆形到方形，从方形到椭圆形甚至到菱形等。除此之外，构成产品整体概念的五层次中某个因素的变化或改动，有时尽管很微小，都有可能产生新产品。

四、模仿性新产品

是指市场上已经存在而本企业没有生产过的产品，或其他地区已经存在而在本地是第一次生产的产品。如数字化彩色电视机国外较早就已上市，我国才开始生产，就属于模仿性新产品。模仿性新产品尽管是仿造的，但仍然有开发价值，常常可以填补国家或地区的某种产品的空白。

5.3.3 新产品开发程序

开发新产品通常要经历以下几个阶段：产品构思、筛选、产品初步设计、可行性研究、试制和鉴定、试销、正式上市和投产。

一、产品构思

产品构思又称创意，是指对新产品的设想。产品构思的内容包括产品使用目的、基本功能、产品大致轮廓和大概制造方法等。市场需求是开发新产品的出发点，产品构思来自与市场有关的几个方面：一是用户；二是销售者；三是科技人员。产品构思的其他一些来源包括中间商人、企业生产人员和管理人员，乃至竞争对手。

【课堂讨论】

在日本熨斗生产领域，松下电器公司的熨斗事业部很有威胁性，到了 20 世纪 80 年代，随着电器市场高度饱和，电熨斗也进入滞销的行列。事业部的科研人员心忧如焚。一天，被人称为“熨斗博士”的事业部部长岩见宪一召集了几十名年龄不同的家庭主妇，让她们不客气地对松下的熨斗挑毛病。一位妇女说：“熨斗若没有电线就方便多了。”

“妙！无线熨斗。”松下的负责人兴奋地叫了起来。事业部马上成立了攻关小组。开始他们想用蓄电的办法取消电线。但是，研制出来的蒸汽熨斗底厚5厘米，质量达5千克。妇女用起来简直像举铅球。为了解决这一难题，攻关小组将主妇们用熨斗烫衣服的过程拍成录像片，分析研究运用规律。结果发现，妇女并非总拿着熨斗烫衣服，而是多次把熨斗竖在一边。调整好衣服后再烫。于是攻关小组修正了蓄电方法。他们设计了一种蓄电槽，每次烫衣服后可将熨斗放入槽内蓄电，8秒钟即可蓄足电，熨斗的质量就大量减轻了。蓄电槽装有自动继电器，十分安全。这样，新型无线电熨斗终于诞生，成为当年最抢手的畅销产品。

试通过案例讨论消费者的意见对新产品的意义。

二、筛选

在筛选时必须考虑两个重要因素：

1. 构思的新产品是否符合企业的目标，如利润目标、销售稳定目标、销售增长目标和企业总体营销目标等。

2. 企业是否具备足够的实力来开发所构思的新产品，这种实力包括经济和技术两个方面。

三、产品初步设计

产品构思抽象地提出了开发新产品的方向和途径，构思虽经筛选但仍是抽象产品，把抽象产品具体化，需要从原理、结构、外形、性能等方面对筛选出来的产品构思进行初步的产品设计，以达到产品构思所提出的目标。

【知识加油站】

产品的成功与否，质量好坏，60%~70%取决于产品的设计工作。

四、可行性研究

在产品初步设计的基础上，对新产品方案进行可行性研究，是进一步决定产品取舍的重要环节。

五、试制和鉴定

新产品实体开发主要解决产品构思能否转化为在技术上和商业上可行的产品这一问题。它是通过对新产品实体的设计、试制、测试和鉴定来完成的。

六、试销

新产品的试销，是把经过鉴定的样品投入少量的生产，按企业所制定的营销策略计划，将产品小范围投放市场，以观测用户的反应，并把用户的意见及时反馈，对新产品作进一步的改进后再试销。这个过程有时要反复多次。

七、正式投产和上市

新产品经过试销获得成功后，企业就可把产品正式投入大批量生产。正式投产不仅需要大量资金，企业还应注意上市的时间和地点以及市场营销策略。

5.3.4 新产品采用过程

一、消费者采用新产品的程序

消费者对新产品的采用过程，客观上存在一定的规律。早在20世纪30年代，美国市场营销学者罗杰斯调查了数百人接受新产品的实例，总结归纳出人们接受新产品的程序和一般规律。他认为消费者接受新产品的规律一般表现为以下五个重要阶段：认知——兴趣——评价——试用——正式采用。

1. 认知

这是个人获得新产品信息的初始阶段。新产品信息的主要来源是广告，或者通过其他间接的渠道获得，如产品说明书、技术资料、别人的议论等等。很明显，人们在此阶段所获得的信息还不够系统，只是一般性的了解。

2. 兴趣

是指消费者不仅认识了新产品，并且发生了兴趣。这时，他会积极地寻找有关资料，并进行对比分析、研究新产品的具体功能、用途、使用等问题。如果这些方面均较满意，将会产生初步的购买动机。

3. 评价

这一阶段消费者主要权衡采用新产品的价值和成本。比如，采用新产品可获得利益和可能承担风险的比较，经过比较分析形成明确认识，从而对新产品的吸引力作出判断。

4. 试用

是指顾客开始小规模地试用创新产品。通过试用，顾客开始正式评价自己对新产品的认识及购买决策的正确性如何。满意者将会重复购买，不满意者将会放弃此产品。

5. 正式采用

顾客通过试用，收到了理想的使用效果，就会放弃原有的产品形式，完全接受新产品，并开始正式购买、重复购买。从试用阶段到正式采用阶段，从某种意义上说，消费者相互之间的信息沟通比广告的作用更大。从这个意义上讲，新产品信息的传达目标，不仅包括目标市场的消费者，还应包括广大的社会公众，他们对消费者购买行为往往起着重要的影响作用。

二、消费者的个性差异与新产品的采用

在新产品的采用过程中，由于社会地位、消费心理、消费观念、个人性格等多因素的影响，不同顾客对新产品接受快慢程度不同。企业如果善于分析顾客对新产品的反应差异，就有利于加快消费者接受新产品的速度。

就消费品而言，罗杰斯按照顾客接受新产品的快慢程度，把新产品的采用者分为五种类型：

1. 创新采用者

该类采用者约占全部潜在采用者的2.5%。任何新产品都是由少数创新采用者率先使用的，因此，他们具备如下特征：极富冒险精神；收入水平、社会地位和受教育程度较高；一般是年轻人，交际广泛且信息灵通。广告等促销手段对他们有很大的影响力。这类消费者是企业投放新产品时的最好目标。

2. 早期采用者

早期采用者是第二类采用创新产品的群体，占全部潜在采用者的13.5%。他们大多是某个群体中具有很高威信的人，受到周围朋友的拥护和爱戴。正因为如此，他们常常去收集有关新产品的各种信息资料，成为某些领域的舆论领袖。这类消费者是企业推广新产品时的极好目标。

3. 早期大众

这类采用者的采用时间较平均采用时间要早，占全部潜在采用者的34%。其特征是：深思熟虑，态度谨慎；决策时间较长；受过一定教育；有较好的工作环境和固定收入；对舆论领袖的消费行为有较强的模仿心理。他们虽然也希望在一般人之前接受新产品，但却是在经过早期采用者认可后才购买，从而成为赶时髦者。由于该类采用者和晚期大众占全部潜在采用者的68%，因而，研究其消费心理和消费习惯对于提高产品的市场份额有着重要意义。

4. 晚期大众

这类采用者的采用时间较平均采用时间稍晚，占全部潜在采用者的34%。其基本特征是多疑。他们的信息多来自周围的同事或朋友，很少借助宣传媒体收集所需要的信息，其受教育程度和收入状况相对较差，所以，他们从不主动采用或接受新产品，只有当产品出了名以后才愿意接受。他们的购买行为往往发生在产品的成熟阶段。

5. 落后采用者

这类采用者是采用创新的落伍者，占全部潜在采用者的16%。他们思想保守，拘泥于传统的消费行为模式。他们与其他的落后采用者关系密切，极少借助宣传媒体，其社会地位和收入水平最低。因此，他们在产品进入成熟期后期乃至进入衰退期时才会采用。

从以上分析可知，最先试用者和早期采用者所占比例比较小。因为一种新产品的使用，能在一定程度上引起消费者生活习惯、生活方式的改变，同时其质量、性能、使用效果、价格和服务等方面能给人们带来比原有产品更多的利益；另一方面，消费者都存在不同程度的疑虑心理，采取购买行为事实上要冒一定的风险，这往往使消费者接受新产品都要经过或快或慢或简单或复杂的心理过程。但是，这较少的最先试用者和早期采用者对新产品的推广极为重要。因为经过他们试用后，新产品的相对优点得到显露与证实，其他消费者就会减少或消除疑虑心理，增强对新产品的信任感，促使形成人数较多的早期采用大众和晚期采用大众，直到最后守旧者也开始使用。消费者的这种从众心理是人们寻求社会认同感和安全感的表现，是产品得以流行的重要条件。

【课堂练习】

单项选择题

铁壳水瓶改成塑料水瓶，这是　　（　　）

A. 全新产品　　B. 换代产品　　C. 改进产品　　D. 新牌子产品

5.4 品牌策略

【引导案例】

品牌的魅力

只要细心留意一下，就会发现，我们正生活在一个品牌的世界里：饿了，有麦当劳、肯德基、六必居、狗不理；乏了，去香格里拉、海上世界、白云宾馆、迪斯尼；渴了，来一杯红牛、娃哈哈、可口可乐、嘉士伯；出门会客，跨上奔驰、宝马，穿上皮尔·卡丹，带上劳力士，用上摩托罗拉；家里书桌上摆一台奔腾Ⅳ，柜上放一套松下……如果你生活的一切都跟名牌挂钩，想想看，那就是品位，就是普通人梦想的奢华，即使不能全部拥有，哪怕一两样也是好的啊！

可以这样说，只要条件许可、经济能力具备，人们都会毫不犹豫地选择消费这些知名品牌，享受从物质到精神的快意、愉悦。不同的品牌代表着不同的生活方式，提供给人们丰富多样的人生感受。如就汽车产品而言，奔驰是“严肃庄重、功成名就”的代名词；宝马是豪华浪漫、个性品位的象征；丰田使人联想到性能好、适应性强，是大众的普通朋友；劳斯莱斯却被人推崇为飞翔仙女、欣悦之魂，是贵族的神秘情人。就是国产车也各具特色，桑塔纳气派、捷达稳健、富康轻灵、奥拓经济——每一代新车都带来一代新的生活方式，以至于“创造新生活”成为汽车行业的共同追求，再进而成为新世纪全球性的消费理念。

当品牌牵涉到生活的方方面面，并对一个国家或一个民族产生深远影响时，它就跟人类文化产生了千丝万缕的联系。如奔驰、劳力士、西门子代表着中欧式的高贵和精细；轩尼诗、香奈尔总让人联想到法国式的浪漫风情；可口可乐更是象征着美国梦，在第二次世界大战的时候，跟武器弹药一起成为军用必需品，随该国大兵的足迹走遍全球，风靡整个世界，直至发展为今天最为昂贵的商业品牌。更有意思的是，当品牌成为一种生活方式、文化现象以后，品牌的拥有者往往会发现公众竟比自己还关心这个品牌，还是可口可乐，在其1985年百年庆典上推出了一种新品配方，结果却招来社会公众的游行声讨，旧金山还成立了“全国老可乐饮户协会”以示抗议，死对头百事可乐趁机发难，宣称自己经营的是“正宗可乐”，一举夺去大部分市场份额，好在可口可乐及时醒悟，虚心接受了消费者的批评，恢复了老配方，才保住了今天的地位。

成熟的品牌常被人们形容为一面旗帜，其拓展的旗杆插向哪里，旗下商品的势力范围就扩张到哪里，麦当劳、阿迪达斯、爱立信等莫不如此。而默默无闻的品牌却不得不饱尝闯市场的艰辛，如上海无线电厂就有过这样的深刻体验，该厂曾耗费大量资金引进先进的生产设备，开发生产出一批质量精良、性能优越的收音机，却一直打不开销售市场，这时，日本索尼提出用17美元一台的价格将这批产品全部收购。无奈的上海无线电厂只好接受，甚至为产品一下全都卖出去了而暗自庆幸。可是没过多久，换上索尼商标的这批收音机竟成为抢手货，83美元一台还供不应求，在中国市场也概莫能外，许多不知内情的人纷纷表示，“到底是名牌产品，棒极了”。而一壁厢目瞪口呆的上海无线电人见此情景好一段时间痛苦得喘不过气来。

5.4.1 品牌与商标

一、品牌的含义

品牌是企业产品的牌子，用于识别一个或一群出售的产品或劳务，并以之区别于其他竞争者。品牌包括品牌名称、品牌标志和商标。

1. 品牌名称是指品牌中可以用语言称呼的部分，如可口可乐、百事可乐、诺基亚、三星、海尔、美的等都是著名品牌的名称。

2. 品牌标志是指品牌中易于识别但不能用言语称呼的部分，通常由图案、符号、颜色等构成。如麦当劳的黄色拱门、海尔品牌的海尔兄弟等。

3. 商标是一个法律名词，它是经过注册登记受到法律保护的品牌或品牌的一部分。

二、品牌与商标的关系

品牌与商标都是用于识别不同生产经营者的不同种类、不同品质产品的商业名称及其标志。但品牌是市场概念，实质上是品牌使用者对顾客在产品特征、服务和利益等方面的承诺。而商标是法律概念，它是已获得专用权并受法律保护的品牌，是品牌的一部分。商标无论是否被使用，也不管商标所标定的商品是否有市场，只要采用成本法对其进行评估，它就必然有商标价值；而品牌的价值是在使用中通过品牌标定的产品或服务在市场上的表现来进行评估的。在我国，商标有“注册商标”与“非注册商标”之分。注册商标是指受法律保护、所有者享有专用权的商标。

【课堂讨论】

品牌和商标是一回事吗？

5.4.2 品牌策略

一、统一品牌策略

企业生产的一切产品均使用同一种品牌进入市场。如海尔、美的等。使用这种策略的好处是：

(1) 节约产品促销费用。统一品牌策略的条件是先有一个成功的主力产品，企业所有的产品均使用与主力产品同一品牌，宣传了主力产品也就宣传了所有产品。

(2) 有利于新产品开拓市场。延伸的产品通过与主力产品使用同一品牌相连接，借势而得以快速成长。另外，采用统一品牌策略，实现了企业形象和产品形象的统一。

(3) 有利于品牌的成长。对一个企业来说，要让社会和顾客认识自己的产品和企业，就需要大量的广告投入，运用现代化的传播手段，树立产品形象。

采用统一品牌策略，节约了促销费用，为企业集中资源宣传单一品牌，树立品牌形象提供了良好的物质基础。但是，统一品牌策略也存在一定风险。由于所有的产品都使用同一种品牌，每一种产品都不能出问题，否则就可能“株连”到其他产品，使整个品牌信誉受到严重威胁，甚至动摇主力产品在消费者心目中的地位。

二、个别品牌策略

将企业的产品按用途或档次分类，不同产品分别使用不同的品牌。个别品牌的优点很明显，它可以根据功能或者价格的差异进行产品划分，这样有利于企业占领更多的市场份额，面对更多需求的消费者；彼此之间看似竞争的关系，但是实际上很有可能壮大了整体的竞争实力，增加了市场的总体占有率；避免产品性能之间的影响，比如把卫生用品的品牌扩展到食品上，消费者从心理上来说就很难接受。而且，个别品牌可以分散风险，某种商品出现了问题，可以避免殃及其他的商品。

其缺点则在于：宣传费用高昂，企业打造一个知名的品牌需要财力、人力等多方面的配合，如果想成功打造多个品牌自然要以高昂的投入作为代价；多个品牌之间自我竞争；品牌管理成本过高，也容易在消费者中产生混淆。

【知识加油站】

个别品牌策略由宝洁公司首创。宝洁的原则是：如果某一个种类的市场还有空间，最好那些“其他品牌”也是宝洁公司的产品。宝洁的多品牌策略让它在各产业中拥有极高的市场占有率。举例来说，在美国市场上，宝洁有8种洗衣粉品牌、6种肥皂品牌、4种洗发精品牌和3种牙膏品牌，每种品牌的特征描述都不一样。以洗发水为例，我们所熟悉的“飘柔”以柔顺为特长；“潘婷”以全面营养吸引公众；“海飞丝”则具有良好的去屑功效；“沙宣”强调的是亮泽。这三个品牌分别吸引三类不同需求的消费者，从而使得它在中国的洗发水市场占有率上升为第一，达50%以上。这显然是宝洁公司成功运用多品牌策略的成果。当然它为此也付出了高昂的市场成本和管理成本。然而我们不能不说，宝洁是成功的，近170年的辉煌历史，旗下约300个品牌，就不能不说它在品牌战略中创造了一个奇迹。

三、品牌扩展策略

指企业利用成功的品牌推出新产品或改良产品。如春兰集团以生产空调器而闻名遐迩。它在推出摩托车产品时采用“春兰虎”、“春兰豹”的品牌。品牌扩展策略具有多种优势。著名的品牌名称可使新产品迅速得到市场的承认与接受，从而有助于公司经营新的产品类别；品牌扩展可节省用于促销新品牌所需要的大量费用，并且可使消费者迅速了解新产品。由于这种做法既节约了推出新品牌的促销费用，又可使新产品搭乘原品牌的声誉便车，得到消费者承认，起到“借船出海”、“借势造势”的作用，有人便形象地称之为“搭乘名牌列车”策略。

但这种策略也存在一定风险：

(1) 一旦新产品不能令人满意，就可能影响消费者对同一品牌名称的其他产品的态度。

(2) 品牌过分扩展将导致已经有的品牌名称丧失其在消费者心目中的特殊定位。这种某一品牌名称不再使消费者立即联想到特定产品或类似产品的情况叫做品牌淡化。

四、更换品牌策略

是更换原有企业的品牌，采用新的品牌。如科龙集团原生产容声冰箱，后生产空调器时采用科龙这一品牌。

五、中间商品牌策略

指在销售者品牌下从事市场营销。西方国家许多享有盛誉的百货公司、超级市场、服装商店等都使用自己的品牌，有些著名商家（如美国的沃尔玛）经销的90%商品都用自己的品牌。中间商品牌在我国才刚刚处于起步阶段，据报道：上海市共康服饰城内近三分之一达6000余种的商品，采用了一个共同的品牌——“共康”，在共康服饰城大做自己的广告时，上海第一百货集团、华联集团等商业巨人竞相推出了自己的品牌。从1994年起一直是全国衬衣市场占有率龙头老大的开开牌商标，就是开发中间商品牌的成功案例，采用这种策略可以利用中间商良好的品牌声誉以及庞大、完善的分销体系，为生产企业在新的市场推销新的产品和服务。

六、无品牌策略

尽管品牌化是商品市场发展的大趋向，但对单个企业而言，是否要使用品牌还必须考虑产品的实际情况，因为在获得品牌带来的好处的同时，建立、维持、保护品牌也要付出巨大成本，如包装费、广告费、标签费和法律保护费等。

一般来说，以下情况可以不使用品牌：

(1) 未加工的原料产品，如棉花、大豆。

(2) 不会因生产商不同而形成不同特色的商品，如钢材、煤炭。

(3) 消费者已习惯不用品牌的商品，如大米、面粉。

这样可以节省费用，降低价格，扩大销售。

5.4.3 品牌设计

一、个性显著

如苹果标志。

二、简洁通俗

如娃哈哈、可口可乐。

三、新颖别致

如雀巢。从总体看来，似乎“雀巢”品牌唾手而来，并没有费多大力气。内斯特尔（Nestle）用自己的名字为品牌命名，正好其名字却含有“舒适安顿下来”和“依偎”的含义；由于其名字的特定含义，自然要与英文同一词根的“NEST”（雀巢）相联系。以雀巢图案作品牌图形，而这又会使人想起待哺的婴儿，慈爱的母亲和健康营养的雀巢产品。可见，轻而易举而来的“雀巢”品牌不但有丰富的内涵，而且完全符合品牌定位的基本要求。首先，“雀巢”作为品牌名称显著性就很强，虽然这一词根很一般，但往往只有人们所熟悉的事物才能加深人们的印象，能产生很多联想，从而才贴近生活，贴近消费者。

四、寓意深刻

如丰田。此标志发表于TOYOTA创立50周年之际，设计的重点是椭圆形组成的左右对称的图案。椭圆是具有两个中心的曲线，表示汽车制造者与顾客心心相印。并且，横竖两椭圆组合在一起，表示丰田（TOYOTA）的第一个字母T。背后的空间表示TOYOTA的先进技术在世界范围内拓展延伸，面向未来，面向宇宙，不断飞翔。

五、严肃性

不得同中国或外国的国家名称、国旗、国徽、军旗、勋章相同或者相似；不得同政府间国际组织的旗帜、徽记、名称相同或者相似；不得同“红十字会”的标志、名称相同或相似；不得带有民族歧视性或带有欺骗性；不得有损于社会主义道德风尚等。

【知识加油站】

可口可乐为什么能够长盛不衰？除了积累百年的品牌，还有两个重要原因。一个是它的第十五种神秘配方——7X。可口可乐将此配方视为最高机密，据说只有少数几个高级主管才知道。为了确保万无一失，公司还下令不准这几个人搭同一班飞机或汽车。另外一个，可口可乐能在中国所向披靡，还因为它有一个无可比拟的中文名。可口可乐一直被认为是广告界翻译得最好的品牌名。不但保持了英文的音译，还比英文更有寓意。可口可乐四个字生动地暗示出了产品给消费者带来的感受——好喝、清爽、快乐——可口亦可乐。让消费者胃口十足，“挡不住的感觉”油然而生。也正因为如此，可乐逐渐成为品类的代名词和行业标准。据说，Pepsi在进入中国时也被迫翻译成“百事可乐”，而不是“百事”。

20世纪20年代，可口可乐已在上海生产，一开始翻译成了一个非常奇怪的中文名字，叫“蝌蚪啃蜡”，被接受状况可想而知。于是，可口可乐专门负责海外业务的出口公司，公开登报悬赏350英镑征求译名。当时身在英国的一位上海教授蒋彝，便以“可口可乐”四个字击败其他所有对手，拿走了奖金。

有人说中国人是世界上最聪明的人，很多洋品牌进入中国都被我们翻译得恰到好处就是一个有力的证明。比如汽车中的（Benz）一开始翻译成了“笨死”，香港又叫“平治”，直到找到“奔驰”这个贴切的译名，才开始在中国大地奔驰如飞。

【课堂练习】

单项选择题

品牌中能够被直接识别，但是不能直接用语言来称呼的部分是 （　　）

A. 品牌名称　　B. 品牌标志　　C. 名牌　　D. 商标

5.5 包装策略

【引导案例】

杜邦定律

如何在竞争异常激烈和销售方式不断演变的现代市场中脱颖而出？企业除了靠产品创新和优质、快速的服务取胜外，包装愈来愈显得重要。从市场观点看，包装是商品整体中的形式产品，是很重要的一部分内容，通过它可以使消费者产生购买欲望，从而刺激消费。美国最大的化学工业公司杜邦公司的一项调查表明：63%的消费者是根据商品的包装来选购商品的。这一发现就是著名的“杜邦定律”。另据英国市场调查公司报告，一般上超级市场购物的妇女，由于受精美包装的吸引，所购物品通常超出进场时打算购物数的45%。

5.5.1 包装的含义和作用

一、包装的含义

包装是指产品的容器和外部包扎。产品包装一般包括三个部分：

1. 首要包装

是产品紧靠着的包装容器，如酒瓶子。

2. 次要包装

是保护首要包装的包装物，又称销售包装，如酒瓶子外部的长方体小纸盒子。

3. 运输包装

是为了储存和运输的需要而形成的大包装，如集12瓶为一箱的大箱子。

二、包装的作用

1. 保护商品

保护商品是包装的重要作用之一。商品在流通过程中，可能受到各种外界因素的影响，引起商品破损、污染、渗漏或变质，使商品降低或失去使用价值。科学合理的包装，能使商品抵抗各种外界因素的破坏，从而保护商品的性能，保证商品质量和数量的完好。

【知识加油站】

到20世纪90年代中后期，我国由于包装不良，箱、桶、袋、盒、瓶、罐、筐破损严重，造成巨大的经济损失。当时，仅因水泥袋漏破而散落在铁道上的水泥一年就多达300万吨，价值人民币1亿元左右，其散落量相当于3个大型水泥厂年产量的总和。外销产品由此而承担的损失更大，由于包装落后，国家每年至少减少10%的外汇收入。

2. 便于储运

有的商品外形不固定，或者是液态、气态，或者是粉状，如果不对其进行包装，就无法运输和储存。

3. 方便消费

销售包装随商品的不同，形式各种各样，包装大小适宜，便于消费者携带、保存和使用。包装上的绘图、商标和文字说明等，既方便消费者辨认，又介绍了商品的成分、性质、用途、使用和保管方法，起着方便与指导消费的作用。

4. 促进销售

商品包装特别是销售包装，是无声的推销员，在商品和消费者之间起媒介作用。商品包装可以美化商品和宣传商品，使商品具有吸引消费者的魅力，引起消费者对商品的购买欲望，从而促进销售。

【课堂讨论】

买椟还珠

春秋时期，楚国有一个商人，是专门卖珠宝的。有一次他到市场上去兜售珠宝，为了生意好，珠宝畅销起见，特地用名贵的木料，造成许多小盒子，把盒子雕刻装饰得非常精致美观，又用香料使盒子发出一种香味，然后把珠宝装在盒子里面。有一个郑国人，看见装宝珠的盒子既精致又美观，问明了价钱后，就买了一个，打开盒子，把里面的珠宝拿出来，退还给珠宝商。

请讨论郑国人的行为。

5.5.2 包装设计的要求

一、安全

安全是产品包装最核心的作用之一，也是最基本的设计要求。在包装活动过程中，包装材料的选择及包装物的制作必须适合产品的物理性能和化学性能，以保证产品不损坏、不变质、不渗漏，以及保护环境安全等。

二、美观大方，突出特色

美观大方的包装给人以美的感受，有艺术感染力，进而使其成为激发顾客购买欲望的主要诱因。与此同时，包装还应突出产品个性。富有个性、新颖别致的包装更容易满足消费者的某种心理要求。

三、便利消费

包装应便利消费者选购、携带、使用和保存，适应不同消费者的需要，所以应设计不同规格和分量的包装。

四、包装价值与商品价值和质量水平相匹配

包装尽管具有促销作用，但不可能成为商品价值的主要部分。一般来说包装不宜超过商品本身价值的15%。如果包装在商品价值中占的比重过高，消费者会觉得名不副实而难以接受；相反，价高质优的商品自然也需要高档包装来烘托商品的高雅贵重。

五、尊重消费者的宗教信仰和风俗习惯

包装切忌出现有损消费者情感、容易引起消费者忌讳的颜色、图案和文字。如信奉伊斯兰教的人忌黄色，瑞士人忌黑色，法国人忌墨绿色，埃及人忌黄色和蓝色，日本人忌绿色等。

六、符合法律规定，兼顾社会利益

包装必须严格依法设计。例如，应按照法律规定在包装上标明企业名称及地址；对食品、化妆品等与消费者身体健康密切相关的产品，应标明生产日期和保质期等。同时包装设计还应兼顾社会利益，节约社会资源，禁止使用有害包装材料。

现在世界上许多国家都在倡导“适度”包装，使包装轻量化，并相继制定了许多有关包装的法规。据报道，在英国，对食品包装的复杂豪华程度按照一定的比例进行量上的限制，如超出限定，则课以重罚或重附加税，迫使食品生产者不得不在简化包装上打主意。因此，在开发食品包装的时候，一定不能搞过分包装和不分档次一律追求豪华型高档包装，防止在包装消费上的不正常超前行为。

5.5.3 包装策略

一、系列式包装策略

企业生产经营的产品都用相同或相似的包装。引入 CI 设计的企业往往采用这种包装策略。由于系列包装，使产品甚至使企业形象更加鲜明。

二、连带式包装策略

将具有消费连带性的产品包装在一起，其目的在于给消费者以便利感和整体感。

三、等级式包装策略

为了区别不同产品的不同质量，按其质量等级采用相应包装。其目的在于区分产品档次，满足不同需求层次消费者的需要。

四、复用式包装策略

为了节约包装材料或刺激消费者需求，采用可重复使用的或转作他用的包装，其目的在于给消费者一种便宜感、节约感。复用包装可以回收再使用。

如运输包装的集装箱、周转箱、汽水瓶、啤酒瓶等。复用包装可以大幅度降低包装费用，节省开支，加速和促进商品的周转，减少环境污染，因此，普遍受到人们的欢迎。复用式包装在商品使用后，其包装品还可以作其他用途。如用瓷制的花瓶状酒瓶装酒，酒饮完后还可以做花瓶使用；再如用手枪、熊猫、小猴等造型的塑料容器来包装糖果，糖果吃完后，其包装还可以做玩具，因此备受小朋友的欢迎。大量事实证明，只要设计新颖、吸引力强、具有明显使用价值或欣赏价值的再使用包装，顾客通常是非常愿意购买的。

五、赠品式包装策略

在包装物内装有赠品或奖券。这种包装有较强的促销作用，其目的在于给消费者一种便宜感、机会感。

六、礼品式包装策略

装饰华丽，富有欢乐色彩。此类包装物上常冠以“禄”“福”“寿”“喜”“如意”等字样及问候语，其目的在于增添节日气氛和欢乐，满足人们交往、礼仪之需要，借物寓情，以情达意。

【课堂练习】

分析题：请举例说明几种包装策略。

【本章小结】

1. 市场营销学上的产品是一个整体概念，包括五个部分：核心产品、形式产品、期望产品、延伸产品、潜在产品。

2. 产品组合是指一个企业生产或经营的全部产品线、产品项目的结构。它包括四个变量：产品组合的宽度、长度、深度和关联度。产品组合策略有：扩大产品组合策略、缩减产品组合策略、产品线延伸策略、产品线现代化。

3. 产品生命周期是指一种产品在市场上的存续时间，它包括导入期、成长期、成熟期和衰退期四个阶段。研究产品市场生命周期的目的是合理划分产品周期阶段，把握各阶段的特点，采取有针对性的营销策略，延长产品生命周期，使企业获得长期的稳定利益。

4. 新产品是企业向市场提供的较原有产品不同的产品。它包括全新新产品、换代新产品、改进新产品、模仿性新产品等。开发新产品通常要经历以下几个阶段：产品构思、筛选、产品初步设计、可行性研究、试制和鉴定、试销、正式上市和投产。同时，企业还要研究新产品的采用过程，努力使新产品尽快被广大消费者接受。

5. 品牌或商标是现代产品的重要组成部分。品牌、商标使得同类企业的不同产品相区别，品牌价值已成为企业的主要无形资产。在品牌、商标的制作上力求名称简短、通俗，标志造型美观、大方、醒目，具有特色。企业应灵活运用各种品牌或商标策略，更好地发挥品牌或商标的作用，为产品营销服务。企业经常采用的品牌策略有：统一品牌策略、个别品牌策略、品牌扩展策略、更换品牌策略、中间商品牌策略、无品牌策略。

6. 包装是指产品的容器和外部包扎。良好的包装可保护产品、易于识别、方便使用。常用的包装策略有系列式包装策略、连带式包装策略、赠品包装策略、礼品式包装策略等。现代包装已是一门科学，要求企业在提高产品质量的同时，注意包装设计，提高包装技术，以美化产品，促进销售。

【本章习题】

一、单项选择题

1. 顾客购买有形产品时所获得的附加服务和利益称为（　　）。

A. 核心产品　　B. 有形产品　　C. 附加产品　　D. 便利品

2. 产品大类中每种产品有多少花色、品种、规格，称为产品组合的（　　）。

A. 宽度　　B. 长度

C. 深度　　D. 关联度

3. 产品提供给顾客的利益或效用是产品整体概念中的（　　）。

A. 形式产品　　B. 核心产品

C. 附加产品　　D. 潜在产品

4. 用料与设计精美的酒瓶，在酒消费之后可用作花瓶或凉水瓶，这种包装策略是（　　）。

A. 配套包装　　B. 附赠品包装　　C. 分档包装　　D. 再使用包装

5. 在产品生命周期中，丰厚的利润一般在（　　）出现。

A. 引入期　　B. 成长期　　C. 成熟期　　D. 衰退期

二、多项选择题

1. 产品组合决策的内容有（　　）。

A. 宽度　　B. 长度　　C. 深度　　D. 关联度

2. 企业采用统一品牌策略（　　）。

A. 能够吸引不同需求的消费者　　B. 可降低新产品宣传费用

C. 有助于塑造企业形象　　D. 有助于显示企业实力

3. 一般来说，（　　）的产品成熟期较长，衰退过程也较缓慢。

A. 高科技产品　　B. 消费者偏好相对稳定

C. 技术相对稳定　　D. 新潮产品

4. 指出下列哪些产品可采用无商标策略（　　）。

A. 电力　　B. 煤气　　C. 服装　　D. 自来水

5. 对处在饱和阶段的产品应主要采取以下策略（　　）。

A. 改善企业外部环境　　B. 增加产品系列

C. 稳定目标市场　　D. 重点宣传企业的信誉

三、判断题

1. 产品就是顾客购买的有形物体。（　　）

2. 商品包装是无声的推销员。（　　）

3. 新产品就是新发明的高科技产品。（　　）

4. 与外国国名相似的名称可以作为企业的品牌名称。（　　）

5. 产品项目又称产品大类。（　　）

四、案例分析

小张是某单位营销部经理，工作几年来攒下了 10 多万元。国庆期间，小张两口子开始考虑他们的消费计划，主要有两个方案：一是买房。小张的妻子希望用这笔钱换个更大点的房子，改善居住条件。但房价太高了，这笔钱还很不够，虽然银行能提供贷款，但毕竟负担不小。二是买车，可以方便工作和生活上的出行，有助于提高工作效率和生活质量。虽然资金也不充足，但可以贷款，应该买得起，也较容易承担。经过反复权衡，小两口决定买汽车。

买什么样的车呢？越野车、面包车还是小轿车？越野车时尚，面包车实用，但考虑到商务和家用的特点，小张最后决定买轿车。毕竟越野车耗油太大，不适应如今高油价年代，面包车不够体面，轿车则两者兼顾：体面，耗油也不太大。买什么样的轿车呢？合资企业的产品：广州本田的思迪、上海通用的乐风、昌河铃木的利亚纳等；国产企业的产品：奇瑞 A5、沈阳华晨的骏捷、哈飞汽车的赛豹等，都是可选的。这些车的外观、质量、做工、性能都不错，但考虑到维修的方便和低廉，特别是厂家推出优惠活动，小张最终选择了奇瑞 A5。

问题：

1. 小张购买汽车时考虑了哪些具体的产品因素？
2. 结合案例从产品整体概念角度予以说明。

第六章　定价策略

* 学习目标

6.1　影响营销定价的因素

6.2　定价方法

6.3　定价策略

* 本章小结

* 本章习题

【学习目标】

* 掌握影响企业定价的因素。

* 掌握影响企业竞争行为的因素。

* 掌握定价方法和定价策略。

6.1 影响定价的因素

【引导案例】

某开发商2009年在某市区购得一块土地。次年在此地建成了一个住宅小区，包括四栋17层的住宅楼和一栋商务楼。同年8月31日开始预售，住宅楼的起价为3580元/平方米，当月就有五分之四的房屋被订购，到了9月30日，开发商对房价进行了第一次调整，把起价定为3880元/平方米，10月16开发商对房价进行了第二次调整，起价再一次调整为4180元/平方米。尽管在这么短的时间内连续提高价格，但是购房者仍然络绎不绝。试问：

1. 开发商为什么要连续调整房价？
2. 开发商定价的主要依据是什么？
3. 开发商采取了什么定价策略？

所谓定价，是指企业根据营销管理的需要，按照市场经济规律和国家价格政策法规的要求，自行制定产品价格。定价具有较强的艺术性、技巧性和策略性，它不是孤立的行为，受到许多内部因素和外部因素的影响。主要影响因素有产品成本、市场供求状况、市场竞争程度、国家政策法规、消费者心理等。

一、影响因素

1. 产品成本

产品价格是由生产成本、流通费用、国家税金和企业利润构成的。生产成本是企业生产一定数量的某种产品所支出的物质资料耗费和劳动报酬的总和，它和流通费用构成了产品成本。产品价格只有高于产品成本，企业才能获得一定的盈利，如果产品价格低于产品成本，企业就会亏损，再生产过程就难以为继。一般情况下，成本与价格呈正比例关系变动，因此，成本的高低也就成了影响企业定价的一个重要内部因素。

从全社会各不同产业的角度分析，产品成本有个别成本和社会成本之分。个别成本指单个企业生产产品时所耗费的实际生产费用；社会成本指产业内部不同企业生产同种产品所耗费的平均成本。后者是企业定价时的主要依据。由于各企业的资源状况和营销管理水平不同，其个别成本和社会成本之间必然存在差异。企业应根据其个别成本和社会成本之间的差异程度给产品制定合适的价格。

2. 市场供求状况

市场供求状况是影响企业定价最重要的外部因素。市场上的产品供求关系反映着产品可供量与社会购买力之间的对比状况。供给与价格的关系可以表述为：价值决定价格，价格决定供求，供求反过来又影响价格。从短期来看，往往是供求直接决定价格。市场上的产品，供不应求，价格上涨；供过于求，价格下跌，说明产品价格受市场供求关系的影响很大。传统观念忽视供求关系对价格的影响，价格灵活度低，有些产品价格长期不变，致使产品库存积压。在市场经济条件下，企业营销管理人员实施定价策略时，应重视对供求关系的研究。

3. 市场竞争程度

市场竞争状况是产品定价不可忽视的一个重要因素。竞争对手越多，竞争强度越大，对产品价格的影响越大，企业的定价决策越复杂。

市场结构不同，竞争强度不同，对企业定价的影响程度也不同。完全竞争的市场条件下，企业几乎没有定价的主动权，只能接受在充分的竞争中形成的价格。在不完全竞争的市场条件下，各企业供应的产品具有差异性，而同类产品之间又可以相互替代，存在一定程度的竞争，竞争的强度主要取决于产品质量的高低、生产技术的难易和供求状态。生产技术简单，竞争激烈；生产技术复杂，竞争相对缓和。产品供大于求时，竞争激烈；产品供不应求时，竞争相对缓和；产品质量低时，竞争激烈；产品质量高时，竞争相对缓和。企业定价时要认真分析和充分考虑主要竞争对手的价格策略，把竞争对手的产品品质特征和价格作为自己的参照标准。如果自己的产品与竞争对手的产品相似，所定价格也应相似；如果自己的产品比竞争对手的产品质量差，则价格可以略低；如果自己的产品比竞争对手的产品质量高，则价格可以高些。同时，还要用动态的观点随时关注竞争对手的价格调整措施，并及时作出反应。

4. 国家政策法规

企业定价时必须自觉执行国家有关的价格政策和各种定价规则。市场经济条件下，价值规律、供求规律和竞争等都会对价格产生影响，同时市场经济也是法制经济，为保证社会的稳定和经济的健康发展，国家会制定价格政策和法规制度对市场物价的高低进行调整和控制。如《价格法》《反不正当竞争法》等政策法规和措施，有监督性，有保护性，也有限制性、约束性，企业定价时，必须遵循，不能违背。企业也要利用价格政策和法规保护自己的利益，在竞争的大环境中寻求企业利益和社会利益的统一和谐。

5. 消费者心理

无论什么样的产品，只有通过消费者的购买并消费才有意义，而消费者的购买行为是受消费者心理支配的。不同购买心理的消费者对产品价格有不同的反应，因此，消费者心理因素对企业定价有着微妙的、深刻的甚至是决定性的影响。消费者心理因素分析的主要内容有以下两点：

(1) 预期心理

预期心理指对未来一段时间内所要发生变化的一种预测。根据供求规律的原理：价格与供给成正比例变化，价格与需求成反比例变化，即价格上涨会抑制需求，而价格下跌又会刺激需求，但现实生活中往往出现与这一基本规律相悖的现象，价格越涨，买的人越多，价格越跌，买的人越少，就是人们常说的“买涨不买跌”，究其原因就是消费者的预期心理在起作用。

(2) 期望价格

期望价格指消费者以产品知识、后天学习和积累的购物经验、市场行情的了解及个人兴趣和爱好等对产品做出一个自认为合适的价格，即期望价格。如果企业定价高于消费者的心理期望价格，就很难被消费者接受；反之，低于期望价格，又会使消费者对产品的品质产生误解，甚至拒绝购买。“便宜无好货，好货不便宜”，既希望物美价廉，又担心吃亏上当，是消费者的普遍心理，也是消费者看待市场的最古老的法则。企业如果片面降低产品价格，可能会影响企业形象，影响消费者对品牌的信任度。只有当企业定价与消费者的期望价格基本一致时，消费者才会觉得价格合理，物有所值，易于产生购买行为。

随着经济的发展，居民收入的多层次化，购买心理呈现出多样性、复杂性。如：低收入阶层的求实惠、求廉价心理；中等收入阶层求美观、求时尚心理；高收入阶层求新颖、求名牌心理等，企业定价时，要充分考虑消费者的心理因素，确定目标消费者，使企业定价尽量与消费者期望价格一致，做到既能使产品畅销，又能使企业获得更大的收益。

【课堂讨论】

20世纪80年代，在我国出现过一次席卷全国的抢购日用品的风潮。人们对火柴、肥皂、布料、毛线、食盐等等日用品日夜排队大量抢购，致使许多日用品缺货断档。据说在上海，新婚夫妇凭借结婚证才可以买到一口做饭用的铝锅。

改革开放初期，彩电算是老百姓家中的奢侈品，购买一台彩电需要全家几年的积蓄。

90年代初我国彩电价格开始下降，出乎意料的是价格下降初期销售量并没有上升，反而呈下降趋势。

试分析：为什么当年会出现以上现象？当今社会会不会再出现同样的现象？

二、企业定价目标

产品价格的制定，不仅要在经济学理论的指导下进行，而且要从企业经营的战略目标和定价目标出发，考虑市场供求关系和市场竞争状态以及定价策略与其他营销策略之间的联系，以便综合地发挥营销组合因素的作用。因此，企业在具体定价以前，需要确定本企业的定价目标。所谓定价目标，就是每一产品的价格在实现以后应达到的目的，它和企业经营战略目标是一致的，并为经营战略目标服务。其总的要求是追求利润的最大化。目前，企业在定价时想要达到的目标有以下几种：

1. 以争取最大利润为定价目标

争取最大利润是所有企业的主观愿望，但只有当企业的产品在市场已处于绝对的有利地位时企业才能以此为定价目标。争取最大利润，并不等于制定最高价格，而是指企业长期的总利润的实现。因为制定高价，往往会丧失顾客的信任，丢失市场，利润也就无从实现。

2. 以获得投资报酬为定价目标

任何企业都希望所投入的资本能获得预期的报酬。一般来说，投资报酬率高于同期存款利率，否则，不如不投资。以投资报酬作为定价目标，企业必须拥有拳头产品，如专利产品等，或企业处于行业的主导地位，这样有利于企业实现预期的投资报酬，否则，投资报酬就是一厢情愿的。

3. 以维持或提高市场占有率为定价目标

一个企业的市场占有率状况是该企业经营状况的一个综合反映，关系到企业的兴衰，所以维持和提高市场占有率比获得投资报酬更为重要。当企业拥有一定优势，但市场占有率不足，或者市场占有率受到挑战时，企业就会以维护或提高市场占有率为定价目标，采取低价政策，以提高其市场占有率。

4. 以应付和防止竞争为定价目标

不论大小企业，对竞争者的价格是很敏感的。因此，企业在定价前，要广泛收集竞争者的有关资料，进行分析比较，然后，根据企业的实力决定；或者以低于竞争者的价格出售，或者与竞争者的价格相同来出售，或者以高于竞争者的价格出售，目的在于应付和防止竞争。

5. 以稳定价格为定价目标

以稳定价格为定价目标，适用于在行业中能够左右市场价格的企业。由于这些行业需求经常发生变化，有时甚至变化很大，行业中的大企业就特别需要相对稳定的价格来增强市场的稳定性。这种价格又称领导者价格。这样定价，可以保证大企业在长期经营中获得稳定的利润。

【课堂练习】

单项选择题

某超市为提高牛奶的销量，决定每周一下午每箱牛奶优惠5元。该超市扩大销量的目标会实现吗？（　　）

A. 会　　B. 不会　　C. 效果不好　　D. 效果不确定

6.2 定价方法

【引导案例】

20世纪80—90年代，我国彩电生产能力急剧扩张，加上外商转移到我国的生产能力，到90年代末总生产能力突破4000万台/年，但内需加上出口总计不足3000万台/年。此外，一些核心技术仍控制在外商手中，并存在着国产彩电严重趋同化等问题。自1989年长虹首次发动价格战以来，彩电市场频频爆发价格大战。

分析：

(1) 我国彩电市场为什么会频频爆发价格大战？

(2) 彩电降价为什么会有利于扩大销售？在以后的价格大战中，长虹失败的基本原因是什么？

(3) 你认为振兴我国彩电产业的出路何在？

企业在综合分析决定和影响产品价格基本因素的基础上，要对其生产经营的产品制定合理的价格。定价就是借助一定的方法，并视具体情况侧重于某一因素，做出相应的价格决定。定价方法是核算产品价格的具体方法。一般认为，在市场经济条件下，制定产品价格应考虑成本、需求和竞争三个基本因素，与此相联系形成了成本导向定价法、需求导向定价法和竞争导向定价法。

一、成本导向定价法

成本导向定价法是以产品成本为主要定价依据来为产品定价的一种定价方法，也是一种最简单、运用十分普遍的方法。根据定价所依据的成本不同，成本导向定价法可分为成本加成定价法、损益平衡定价法和变动成本定价法。

1. 成本加成定价法

成本加成定价法是以单位产品的总成本为基础，加上企业的预期利润来制定价格。它是一种最典型的成本导向定价法，也是应用最普遍的定价方法。“加成”就是售价与成本之间的差额，“加一成”即加成率为10%。加成率也称预期利润率。

其计算公式为：

单位产品价格=单位产品总成本×（1+加成率）

单位产品总成本对生产经营企业而言，包括单位产品的制造成本和营销成本两部分。

对商业企业来说，包括进货成本和营销费用两部分。加成率是指预期利润占产品总成本的百分比。

例：某一加工衬衣的企业，每生产一件衬衣的单位总成本为100元，加成率为40%，试计算企业对每件衬衣的定价是多少？

每件衬衣价格=每件衬衣的单位总成本×（1+加成率）=100×（1+40%）=140元

此方法在运用中要注意成本的核算和加成率的确定。其优点是：简便易行，可省去频繁调整价格的麻烦，正常情况下，可以使企业获得预期利润。不足之处是定价时只考虑产品成本，忽视了市场竞争和供求因素对价格的影响，缺乏灵活性，难以适应激烈变化的竞争市场，因而多适用于卖方市场的条件。

2. 损益平衡定价法

损益平衡定价法又称保本定价法。它是以企业总成本与总收入保持平衡为依据制定价格的一种方法。

其计算公式为：

$$保本价格=\frac{企业固定成本}{总销量}+单位商品变动成本$$

$$保本销量=\frac{企业固定成本}{单位商品价格-单位商品变动成本}$$

例：某企业的年固定成本为20万元，每件商品的单位变动成本为40元，如果订货量分别为5000件、8000件、10000件，其保本点价格应是多少？

解：根据保本点价格公式即可算出

$$价格_1=\frac{200000}{5000}+40=40+40=80（元）$$

$$价格_2=\frac{200000}{8000}+40=25+40=65（元）$$

$$价格_3=\frac{200000}{10000}+40=20+40=60（元）$$

同理，如果已知价格分别为80元、65元、60元，也可求出其保本点销量为多少。即：

$$销量_1=\frac{200000}{80-40}=5000（件）$$

$$销量_2=\frac{200000}{65-40}=8000（件）$$

$$销量_3=\frac{200000}{60-40}=10000（件）$$

也就是说，如果把价格定在保本价格以上，或者把销量定在保本销量以上，企业就可以获得利润。否则，企业就要赔本，所以，企业应力求在保本点以上定价或争取生意。

3. 变动成本定价法

变动成本定价法又称目标贡献定价法，它是在产品变动成本的基础上，加上一定的目标贡献来制定产品价格的一种方法。所谓目标贡献是产品价格与变动成本之间的差额，即目标贡献=产品销售单价-单位变动成本，也就是企业只计算变动成本，不计算固定成本，而是以预期的目标贡献来适当补偿固定成本。

其计算公式为：

产品销售价格=单位产品变动成本+目标贡献

例如，某自行车厂，生产一辆自行车的固定成本为50元，变动成本为70元，但由于市场上同类产品竞争激烈，售价只能定为每辆110元。在这种情况下，如果企业以总成本为定价基础，每销售一辆自行车就要亏本10元，但如果按变动成本定价，每销售一辆自行车还可获得40元的目标利润。如果市场上自行车的单价低于70元，即低于了企业价格的最低极限，企业就无法继续生产了。

当市场价格低于企业总成本时，企业又拿不出别的对策，只好按此方法定价。只要变动成本小于市场价格，尽管无利可图，但还可以补偿部分固定成本，企业还可以维持生产。 如果停产，企业损失更大，因为停产后，固定成本仍然需要支付。

此方法是在市场竞争激烈或产品供过于求的情况下采取的一种灵活定价方法，但从长期看不利于企业发展。

在国际贸易中，许多厂商为了打入国际市场，往往采用此方法，而将出口产品应分担的固定成本由在国内销售的产品弥补，这样做，既可以以低廉的价格向国外市场渗透，又可以保证企业取得一定的利润。

二、需求导向定价法

需求导向定价法是以消费者的需求和可能接受的价格为依据来定价的方法。它主要包括差别定价法、理解定价法和反向定价法。

1. 差别定价法

差别定价法是根据同种产品或劳务因条件变化而产生的需求强度差异来制定价格，是一种较为灵活的定价方法。

(1) 顾客差价

即同一种产品对不同的顾客制定不同的价格。如，对批发商和零售商制定不同的价格；工业用电和居民用电按两种电价收费；对长期顾客和临时顾客制定不同的价格等。

(2) 款式差价

即对同类产品中的不同款式、型号、花色和包装等制定不同的价格。如同等规格和质量而花色款式陈旧的产品，价格可定得低些，而款式花色新颖的产品，则可将价格定得高些；对使用价值差别不大，但包装有精美与简单之分的产品，价格可以差别很大。

(3) 地点差价

即同一产品在不同的地点销售制定不同的价格。由于在不同的地理位置上商业成本不同，因而同一产品在不同国家、不同城市或同一城市的不同位置可以卖出不同的价格。

(4) 时间差价

即同一产品在不同季节、特殊节日或同一天里不同的时段制定不同的价格。如旅游淡季与旺季所需费用的差别；白天和夜里长途话费的差别等。

实行区分需求定价法要具备一定条件：

第一，市场要能够细分，而且不同细分市场要能看出需求程度的差别；

第二，注意防止低价细分市场的买主向高价市场转售；

第三，差别定价不会引起顾客反感而减少生意等。

2. 理解定价法

理解定价法是企业以消费者对产品价值的理解和认可为依据来制定产品价格的方法。消费者通常根据自己对产品的功能、效用、质量、档次等多方面的印象，结合购物经验，对市场行情做出评判。这种定价法的关键是消费者对价值的理解和认可，因此，企业应注意以下两点：

(1) 提高消费者对产品价值的认可

企业充分运用各种营销手段，特别是广告宣传来提高产品的知名度，扩大声誉，让尽可能多的消费者认可产品的价值。如一条名牌领带，成本不过十几元，售价却高达上百元。

(2) 准确估测消费者对产品的认知价值

估测过高，会造成定价过高而使消费者感到企业漫天要价从而抑制消费；估测过低，又会造成定价太低而使消费者怀疑产品的质量也不愿意购买，进而影响销量和企业效益。

3. 反向定价法

反向定价法是企业根据消费者的购买能力确定产品的销售价格，然后由此反推销售成本和生产成本，决定出厂价格。

例：某产品的市场零售价为 13 元，零售商逆加成为 15%，即 13×15%=1.95 元；批发价为 13−1.95=11.05 元；批发商逆加成为 20%，即 13×20%=2.60 元，于是出厂价为 11.05−2.60=8.45 元。

企业一般在以下情况下采用此法：

(1) 应付竞争

价格是竞争的有力工具，企业为了同市场上的同类产品竞争，在生产之前，先调查产品的市场价格及消费者的反映，然后制定消费者易于接受的又有利于竞争的价格，并由此决定产品的设计和生产。从市场学观点看，这种方法最为可取。

(2) 推出新产品

企业在推出新产品之前，通过市场调查，了解消费者的购买能力，拟定市场上可以接受的价格，以保证新产品上市时能旗开得胜，销路畅通。

三、竞争导向定价法

竞争导向定价法是以市场上相互竞争的同类产品或服务的价格为主要依据来制定价格的一种方法。具体方法主要有以下三种。

1. 随行就市定价法

即以市场通行的价格水平或竞争对手的同类产品的现行价格为依据制定本企业产品的价格。这种定价的优点是：可以集中行业智慧，获得合理收益，避免价格竞争，减少经营风险。同时，这样定价也较容易被市场接受。

企业一般在下列情形下采用这种定价法：

(1) 难以估算成本;

(2) 企业打算与同行和平共处;

(3) 如果另行定价, 很难了解购买者和竞争者对本企业价格的反应。

这种定价主要适用于质量差别不大的产品。

在高度竞争的市场, 销售同类产品的各个企业在定价时实际上没有多少选择余地, 只能按行业的现行价格来定价。企业如果把价格定得高于时价其产品就卖不出去; 反之, 如果把价格定得低于时价, 竞争者也会削价竞销。

2. 招标、投标定价法

即由招标方对两个以上并相互竞争的投标方的出价择优成交的定价方法。招标、投标定价法有严格的规范, 一般要经过招标、投标、开标、评标、通知中标、签订合同和执行合同等程序。在建筑包工、大型设备制造和政府大宗采购时常采用此办法。其中与定价有关的主要是招标方制定标的、投标方制定投标价。投标价格的制定有许多策略, 定价过高会失去中标机会, 定价过低会造成亏损, 因而必须在认真计算的基础上进行报价, 知彼知己, 力求得以中标。

3. 拍卖定价法

即产品所有者委托其代理人或拍卖行采取公开叫卖方式, 引导买方报价, 利用买方竞争求购的心理, 从中选择最高价格成交。这种方法历史悠久, 现在仍流行于世界各地, 尤其在出售古董、珍品、高级艺术品或大宗产品时常用此法。拍卖以喊价和竞价的方式进行"叫价", "叫价"的方法有以下两种:

(1) 增价拍卖法

即买主叫价的方法。拍卖人宣布最低价格后, 由买主竞相加价, 直到出价最高时由拍卖人接受而达成交易。

(2) 减价拍卖法

即卖方叫价的方法。由拍卖人先开出最高价, 然后由拍卖人逐步减低开价, 直到有人表示接受而达成交易。

以上所讲的各种定价方法, 只是大体的分类。在实际工作中, 一些定价方法的导向是相互渗透的。企业应根据市场情况, 综合而机动地运用各种定价方法。

【课堂讨论】

1997年夏天, 北京街头几乎所有的冷饮网点都被"和路雪""雀巢""新大陆"所覆盖, 而在如此激烈的市场中, "伊利"却一枝独秀, 战绩极佳。1996年伊利正式打入北京冰激凌市场, 伊利人经过市场调查发现: (1) 伊利目前主要的竞争对手有"和路雪""雀巢""新大陆"; (2) 上述品牌的产品价格从2元到8元, 适应了不同档次消费者的需要; (3) 2元以上的产品问的多买的少, 6至8元的产品更是很少有人问津。"伊利"人经过调研得出结论: 对广大工薪族来讲, 在选择冰激凌时除了需要好口感外, 价格是更主要的决定因素, 于是"伊利"迎合大多数人的需要, 在同样的品质、口感的产品中占据价格优势, 即"低廉的价格、较高的品质"这一定位策略, 而为实现这一点伊利分析了

“伊利”的优势：第一，内蒙古煤炭比北京价格低近一倍；第二，内蒙古人工费比北京低得多；第三，内蒙古有最优质的牛奶，而且价格低，低成本是伊利产品低价格的前提。为迅速打开市场，1997年伊利产品广告进入中央电视台，同时推销人员进行宣传推广，在大到商业街、旅游景点，小到胡同、街道均设专卖点。为鼓励中间商和企事业单位购买，该公司规定，凡一次性购买30支以上者，给予10%的折扣。

问题：

根据市场调查，伊利公司选择的是何种定价方法？为什么？

【知识加油站】

拍卖的起源

最早有文字记载拍卖商品的是具有“历史之父”之称的古希腊历史学家希罗多德（约公元前481年—公元前430年），他曾经对古巴比伦的婚姻市场拍卖新娘有过一段描述：古巴比伦国的风俗是这样的：每年在每个村落里都将举办一次拍卖新娘大会。凡是达到婚龄的女子被集中到一地，男子则站在她们的四周形成一个圆圈。然后，由拍卖主持人将女子按相貌美丑的顺序，向在场所有男子公开后进行拍卖。无论拍卖哪个女子，凡出价最高的男子获胜，即成为新郎。拍卖，已成为古代某个时期巴比伦男婚女嫁的必经阶段和主要形式。女子能否出嫁，取决于拍卖能否成交，而不是家长干预选婿；男子能否成婚，需要通过竞招择偶。而且，他们以拍卖美丽姑娘的钱，用作丑姑娘的奁金，以保证所有的姑娘都能嫁出去。拍卖新娘，堪称古巴比伦的一大发明，由此，人们认为，拍卖是从古代拍卖新娘开始的。

现代文明的拍卖模式始于18世纪的英国。1744年和1766年，伦敦先后成立了两家拍卖行——“苏富比”和“佳士得”，对以后全球二百多年的拍卖行业产生了巨大的影响。1874年，英国最大的拍卖行在上海开设了一家子公司——鲁意斯摩拍卖公司。

中国的拍卖行业出现于清朝末年，当时的拍卖行多是拍卖自己收购来的旧货和典当物品，从此自营就一直伴随着拍卖行业的生存发展。

【课堂练习】

单项选择题

某鞋厂生产的皮鞋单位成本为200元/双，加成率为30%，则每双鞋价格为（　　）元。

A. 230　　B. 260　　C. 290　　D. 280

6.3 定价策略

【引导案例】

如何给家园集团玫瑰鲜花汁定价

小康食品有限公司控股的徐州市家园食品有限公司在市政府的支持下和法国国际饮品有限公司合作，组建了江苏家园集团。江苏家园集团是一家专业从事玫瑰花卉种植和深加工的企业。公司已经研制、开发并形成产品的有玫瑰鲜花汁、玫瑰鲜花酒、玫瑰花保健茶、干制玫瑰花等系列无污染绿色食品。该公司于2000年9月通过了ISO9002国际质量体系认证及中国进出口商品质量体系认证。目前该公司拥有年产900万瓶装鲜花汁生产线及1000万听装鲜花汁生产线各一条，年产鲜花汁60万件、鲜花酒20吨、干花蕾10吨，年处理玫瑰鲜花500吨的能力。位于徐州市南郊的汉王乡，有着悠久的玫瑰花种植历史。该地区特有的微酸性土壤，适宜的阳光、气候及丘陵地貌极宜玫瑰花生长，这一气候特点也决定了玫瑰花在此地能够得到广泛的种植。汉王乡曾被提名为“全球生态五百乡镇”，被评为“中国绿色种植基地”。

家园集团结合汉王乡过去种植玫瑰花的经验并与中国农业科学院、南京农业大学、无锡工学院等科研院所联合开发、研制了一些新的玫瑰花品种和新型的种植技术。

家园玫瑰鲜花汁是公司开发出来的一种新产品。它是精选天然上好玫瑰花原料，结合现代食品科学技术配以上等枣花蜂蜜精制而成，保存了玫瑰鲜花独有的天然色，具有养颜姿容、润喉生津、健脾降火、柔肝醒胃的作用。

公司的营销部门准备将此产品推向市场，如果你是营销部经理，你将如何为这种新产品定价？

定价策略就是把产品定价与企业市场营销组合的其他要素巧妙地结合起来，定出最有利的产品价格，实现营销目的。消费者接受某一产品价格，并不仅仅考虑这个价格是否同价值相适应，还要受到许多心理的、社会的、文化的等因素影响。因此，定价不仅是一门科学，更是一门艺术。前面讲述的定价方法侧重于产品的基础价格，而定价策略则是运用定价艺术和技巧，根据市场行情制定出灵活机动的价格。

一、新产品定价策略

1. 取脂定价策略

取脂定价策略也称高价法，是企业在追求最大利润定价目标指导下，在新产品上市初期，利用顾客的求新心理，把产品的价格定得较高，以赚取高额利润。这种策略的最大优点是在新产品刚上市时就赚取了最大的利润，为以后价格调整留有充分的余地，缺点是不利于开拓市场，丰厚的利润必然会迅速招来竞争对手，同时也容易遭到公众的反对，因此，在以下条件下，企业才可以采取取脂定价策略：

(1) 市场有足够的购买者，他们的需求缺乏弹性，即便把价格定得很高，市场需求也不会减少；

(2) 尽管高价使需求和产量减少一些，单位成本增加一些，但这不致抵销高价所带来的利益；

(3) 在高价情况下，仍然独家经营，别无竞争者；

(4) 某种产品的价格定得很高，使人们产生这种产品是高档品的印象。

2. 渗透定价策略

渗透定价策略也称为低价法，是指在新产品刚上市时，利用顾客求廉心理，采取低价政策，使企业的产品迅速渗入市场，扩大市场占有率，排斥竞争者加入。这种策略的优点是能迅速打开市场，并可有效地排斥竞争者加入，对今后产品的发展有利；缺点是投资回收期长，因此，它适用于以下情况：

(1) 需求弹性大的产品，低价有利于迅速打开市场，扩大销路，企业也可因产销量的扩大而降低成本；

(2) 产品市场已为他人领先，为了挤进市场，只好采取低价策略；

(3) 潜在市场大，竞争者容易进入，实行低价薄利使竞争者望而却步，以求长期占领市场；

(4) 消费者购买力薄弱的市场，低价易为消费者接受，从而实现扩大市场。

3. 温和定价策略

温和定价策略也称满意定价策略和君子定价策略。它是介于取脂定价法和渗透定价法之间的定价策略。所谓满意价格是指消费者易于接受，而生产者又较满意的合理价格。当企业处于优势地位，本可以定高价获得最大利润时，为了博得顾客的好感，采取温和定价，既吸引购买，又赢得各方尊重，使顾客、中间商和企业都感到满意。这种策略的优点是简便易行，既能保证企业有稳定的购买者，又能使企业有稳定的收入。缺点是企业定价后价格的应变能力较弱。

以上三种定价策略各有利弊，采用哪种策略更为合适，应根据市场需求、竞争形势、生产能力、市场潜力等多种因素综合考虑。

二、心理定价策略

心理定价策略，即根据顾客的不同心理，采取不同定价技巧的策略，通常为零售企业所使用，主要有以下几种：

1. 尾数定价策略

尾数定价又称奇数定价、非整数定价。即企业给商品定一个接近整数，以零头尾数结尾的价格。对多数日用品或其他低价商品，顾客购买时比较注意价格的细微差别，商店对这些商品定价时要以零头数结尾，如一支牙膏定价 2.97 元，要比定成 3 元受欢迎。据商业心理学家研究，顾客的感觉往往是：

(1) 单数比双数少，奇数定价似乎比较便宜；

(2) 零数比整数准确，把价格定成零数，似乎是企业经过精确计算得出的，对价格产生一种信任感；

(3) 低一位比高一位好，2.97 元比 3 元相差很少，但感觉似乎便宜。

2. 整数定价策略

整数定价也称为方便定价，是指企业给商品定价时取一个整数。这是利用人们一分价钱一分货的心理和快捷方便的心理定价的。因为有些商品如高档耐用消费品或同类商品，因生产企业众多，品种花色各异，消费者往往以价格作为辨别商品质量的指示器，整数定价可提升商品形象，一些交易次数频繁的商品如袋装食品、快餐店的饭菜等，整数定价有利于这类商品的销售。

3. 声望定价策略

声望定价是依据人们的虚荣心理来确定产品价格的一种策略。由于人们的联想、炫耀心理，常常表现为把商品与自己联系起来，以期通过追求一种产品来表现出自己的声望、名誉、地位、职业等。因此，为满足这种心理，在制定价格时，就应尽可能体现这些要求。如同样的产品在有名的商店经销，价格略高，顾客仍然乐意购买，名牌或高级消费品价格定得高一些，一些顾客为显示其富有也乐意购买。

4. 习惯定价策略

按照市场早已形成的价格定价。有些产品市场销售已久，形成了一种尽人皆知的习惯价格或便利价格。如日用工业品、主副食品等，当生产者对这类产品定价时，通常是顺应这种习惯下的价格水平，不轻易涨价，也不轻易降价。因为涨价会引起消费者的不满，而降价又会导致消费者对产品质量的怀疑。

那么，如果这类产品的成本升高，维持原价已无利可图时该怎么办？这时企业宁可对产品降质、减量，也不要采取调价的办法。而只有在产品的质量、性能、原材料、外观装潢有了较大的改变，乃至品牌名称改变时，利用顾客对新产品的好奇心理进行调价，才是较适宜的。这种定价策略从价格上尊重了消费者的习惯，给消费者价格稳定合理的感受，其缺点是有时不能适应新的情况。

5. 招徕定价策略

也称特价品定价，是指企业利用消费者的求廉心理，在一定时期内，有意识地对企业经营的部分产品减价出售或折价处理，以招徕顾客，借机扩大连带产品销售。有些商店在节假日或季节更替时，进行“减价”销售，就是这种策略的具体运用。采用招徕定价要注意以下几点：

(1) 招徕顾客的特价品必须是大多数消费者都需要的，而且市场价格为大多数消费者所熟悉。这样才能使消费者知道这种产品的价格确实低于市价，从而招徕更多的人。

(2) 特价品的价格下降幅度必须有足够的吸引力。削价幅度太小，难以引起消费者的注意和兴趣；削价幅度太大，则会造成误会，令顾客误以为是质量低劣的残次品。

(3) 特价品的供应数量要适当，太多会影响企业的经济效益，太少又会使顾客失望。

6. 吉利价

根据顾客的宗教信仰和风俗习惯，以吉利数为产品定价，如9999元、888元、168元等。满足消费者长久、大发、大顺的求吉利心理。吉利价在服务业、零售业较为流行。

三、折让定价策略

折让定价就是以折扣、让价或赠货的方式，降低产品价格，调动中间商和顾客购买产品积极性，扩大销售的策略。常见的折让定价策略有以下几种方式：

1. 数量折扣

即根据顾客购买数量的多少，分别给予不同的折扣。购买数量越多，折扣越大，目的在于鼓励顾客大量购买。数量折扣又可分为累计数量折扣和非累计数量折扣两种：

（1）累计数量折扣

是指在一定时期内，按照购货累计达到的数量和金额的大小给予不同的折扣。其优点是：可发展长期顾客，便于掌握需求，便于安排生产或进货。这种方法对于销售易腐、易过时、易变质和耐久性货物最为有利。

（2）非累计数量折扣

是按顾客每次购买产品的数量或金额给予折扣。

2. 现金折扣

是指在分期付款销售产品的条件下，企业对按期付款和提前付款的购买者给予折扣优待。目的在于鼓励顾客尽早付款，加速资金周转，减少呆账风险，提高企业利润率。

3. 季节折扣

生产或经营企业向提前购买季节性强产品的顾客给予一定的价格折扣。如，一些具有明显淡旺季之分的行业，企业对在销售淡季来采购的中间商给予折扣，以鼓励中间商及早进货，使企业减少资金占用和仓储费用；零售企业可利用季节折扣鼓励消费者淡季购买，以减少库存，调节供求。

4. 交易折扣

就是根据各类中间商在市场营销中作用的不同给予不同的折扣。如给批发商的折扣大于给零售商的折扣，目的是鼓励中间商努力销售本企业的商品。

5. 推广让价

就是企业对经营者为本企业产品提供的各种促销活动，如对刊登地方性广告、布置专门的橱窗等进行鼓励，给予津贴或减价作为报酬。这种策略对于扩大产品影响、增加产品销售有着重要的作用，在推广新产品时，这种方法比较实用。

6. 组合折扣

企业将彼此密切相关的产品组合配套，对购买成套产品的顾客给予价格折扣。目的是鼓励顾客一次购齐，增加企业销售。

7. 运费让价

是指对较远的客户，用减让一部分价格的办法弥补其全部或部分运费。目的是吸引远方顾客，扩大市场范围，开辟新的销路。

【课堂讨论】

日本东京银座美佳西服店为了销售商品采用了一种折扣销售方法，颇获成功。具体方法是这样的：先发一公告，介绍某商品品质、性能等一般情况，再宣布打折扣的销售天数及具体日期，最后说明打折方法：第一天打九折，第二天打八折，第三、四天打七折，第五、六天打六折，以此类推，到第十五、十六天打一折，这个销售方法的实践结果是，第

一、二天顾客不多，来者多半是来探听虚实和看热闹的。第三、四天人渐渐多起来，第五、六天打六折时，顾客像洪水般拥向柜台争购。以后连日爆满，没到一折售货日期，商品早已售罄。

问题：商家采用了什么样的定价策略？

四、产品调价策略

调价包括提价和降价两方面：

1. 产品提价策略

实施提价策略主要有以下两种情况：

（1）产品供不应求，企业无法满足消费者对产品的全部需求。

（2）当物价上涨造成企业成本费用上升时，企业无法消化因涨价带来的压力，必须提价。

2. 产品降价策略

当企业面临下列情况时，就不得不降低产品的销售价格：

（1）企业生产能力过剩，产品积压，通过各种营销手段仍难以打开销路。

（2）企业面临激烈的竞争环境，为扩大市场占有率，“让价不让利”。

（3）企业的产品成本比竞争者低，但销路不畅，需要通过降价来扩大市场份额。

（4）企业有可能通过扩大生产规模来弥补因降价而带来的损失，并借此占领市场产生规模经济效益。

根据以上情况，企业要制定出相应的降价策略：

（1）降价的幅度一定要适宜。降价幅度不能过小也不能过大。

（2）要准确地选择降价时机。降价时机选择得好，就会大大刺激消费者的购买欲望。如时装，当流行高峰一过马上就降价，否则即使降价也难以达到预期效果。

【课堂讨论】

北京念奴娇服装服饰公司生产的“娇鼎”系列女式服装属国内知名的大品牌女装，在全国各大商场有70多家经销商。每个季节都有系列新款服装上市，这些服装时尚、大气、精致，而且价格不菲，而且公司要求经销商不得参加所在商场的各种促销活动。

试分析：

（1）该公司采取的是什么价格策略？为什么？

（2）在激烈竞争的环境下可否坚持这一策略？

【课堂练习】

单项选择题

春季马上就要来临，某企业库房里还有大量的冬季用品没有售完，企业准备对这些库存产品的价格进行调整，你认为企业会（　　）

A. 降价　　B. 提价　　C. 价格不变　　D. 不确定

【本章小结】

1. 价格通常是影响产品销售的关键因素。定价的重要意义在于使价格成为促进销售最有效的手段。定价策略的实质就是在一定的营销组合因素下，如何把企业营销产品的价格定得既为消费者乐于接受，又能为企业带来较多的收益。影响营销定价的因素很多，主要有产品成本、市场供求状况、市场竞争程度、国家政策法规、消费者心理等。

2. 企业定价目标，就是每一产品的价格在实现以后应达到的目的。企业定价总的要求是追求利润的最大化。根据不同目标，企业还可以以获得投资报酬、提高市场占有率、应付和防止竞争对手及以稳定价格等为定价目标。

3. 企业定价的方法很多，有成本导向定价法，包括成本加成定价法、损益平衡定价法、变动成本定价法；有需求导向定价法，包括差别定价法、理解定价法、反向定价法；有竞争导向定价法，包括随行就市定价法、招标投标定价法、拍卖定价法等。

4. 定价策略是企业争夺市场的重要武器，是影响商品销售的关键因素。企业定价的策略主要有：新产品定价策略，包括取脂定价策略、渗透定价策略、温和定价策略；心理定价策略，包括尾数定价策略、整数定价策略、声望定价策略、习惯定价策略、招徕定价策略、吉利价；折让定价策略，包括数量折扣、现金折扣、季节折扣、交易折扣、推广让价；产品调价策略，包括产品提价策略、产品降价策略。

【本章习题】

一、单项选择题

1. 工商企业在实际定价中，首先考虑的是（　　）。

A. 成本　　B. 利润　　C. 工资　　D. 税收

2. 从市场营销学的观点看，价格必须依据（　　）能否接受为出发点。

A. 企业　　B. 顾客　　C. 经销商　　D. 市场

3. 取脂定价策略的最大优点是在新产品刚上市时企业就获得了最多的（　　）。

A. 市场占有率　　B. 声誉　　C. 利润　　D. 顾客群

4. 卖方为引导消费者购买较多的产品而给予相应的优惠，这是采用了（　　）。

A. 季节折扣　　B. 尾数折扣　　C. 数量折扣　　D. 地区折扣

5. 通过拍卖方法确定下来的价格，对（　　）最为有利。

A. 卖方　　B. 买方　　C. 拍卖行　　D. 委托人

二、多项选择题

1. 影响营销定价的因素主要包括　　（　　）

A. 产品成本　　B. 市场供求状况

C. 市场竞争程度及消费者心理　　D. 国家政策法规

2. 成本导向定价法主要有　　（　　）

A. 成本加成定价法　　B. 需求导向定价法

C. 竞争导向定价法　　D. 损益平衡定价法

3. 下列哪些物品最适宜使用拍卖定价法 （ ）

A. 字画 B. 无主物品 C. 新产品 D. 缉获的走私品

4. 企业在做出定价决策时，就是要调查和研究消费者的相应接受程度，其基本内容有消费者的 （ ）

A. 需求能力 B. 需求强度 C. 需求层次 D. 需求次数

5. 渗透定价策略也称为低价策略，它适用于 （ ）

A. 他人已占领的市场 B. 竞争者容易进入的市场

C. 购买力差的市场 D. 潜在需求大的市场

三、判断题

1. 对于高度流行或对品质有高度要求的产品，降价能推动购买。 （ ）

2. 任何企业在对产品定价时，主观愿望都是争取最大利润。 （ ）

3. 当市场价格低于产品总成本，而企业又拿不出别的办法时，只好保本定价。（ ）

4. 高端技术的产品定价，企业一般采用取脂定价策略。 （ ）

5. 温和定价策略的优点是企业定价后价格的应变能力较强。 （ ）

四、案例分析

价目表上做文章

最近几年，随着我国经济的发展，一部分有经济实力的人开始去国外旅游，他们发现在东南亚地区，旅游景点及名胜古迹的门票价钱对国内外游客是不同的，通常都是内宾便宜外宾贵，而且差别很大。

当地旅游部门认为：一般有能力出国旅游的人，大都住当地的高级酒店，这说明他们都属经济比较宽裕者，那么，在收费问题上便不能对他们与本地居民一视同仁。

当别人问起为何收价那么高时，他们会说：我们这里装潢时髦，设备一流，导购、导游认真负责，服务小组漂亮、温柔，服务水平上乘，歌厅的歌手也是请来的大名星，钢琴师是专业的等等。总之，我们的硬设施和软环境都是相当棒的，收高价是合理的。对国内游人的低价，是因为国家不富裕，人们收入不很高，过高的价格游人会承受不起。

问题：

1. 当地旅游部门的这种做法有无道理？

2. 这样定价采取的是什么策略？

第七章　分销策略

【学习目标】

* 结合上一章内容理解分销渠道。
* 熟悉分销渠道类型。
* 灵活运用相关策略。

7.1 分销渠道概述

【引导案例】

著名的金融巨头比尔盖茨，早在网络股泡沫破裂之前就开始分散投资了。盖茨在1995年建立了一家投资公司，据了解，该公司管理的投资组合价值100亿美元，其中很大一部分投入了收入稳定的债券市场，主要是国库券。像盖茨这样的聪明人是绝不会把“把鸡蛋放在一个篮子里”的。分开路径不只是投资是可以使用的方法，现代市场中多几条腿走路是大多数商家的选择。

7.1.1 分销渠道的概念及作用

一、相关概念

分销就是使产品和服务以适当的数量和地域分布来适时地满足目标市场的顾客需要。

分销渠道是指产品从生产者转移到消费者过程中所经的通道。在一般情况下，这种转移需要中间环节机构（或中介人、中间商）的介入，因此，分销渠道又可理解为产品从生产领域向消费领域运行过程中经由中间环节或机构转移的市场营销活动。产品的分销渠道由位于起点的生产者和位于终点的消费者（包括产业市场的用户），以及位于二者之间的中间商组成。

二、分销渠道的功能

营销渠道执行的工作是把商品从生产者那里转移到消费者手里。它弥合了产品或服务与其使用者之间的缺口，这个缺口主要包括时间、地点和持有段等。渠道成员执行了以下一系列重要功能，起到了重要的经济效果（图 7-1）。

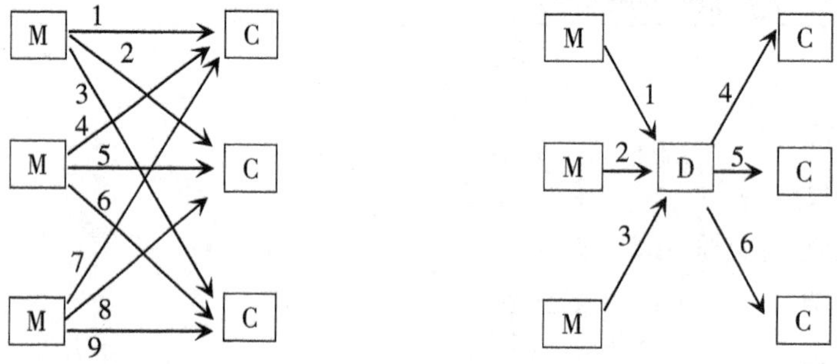

(a)联系次数

M×C=3×3=9

(b)联系次数

M+C=3+3=6

M=制造商　C=顾客　D=分销商

图 7-1　分销商的经济效果

1. 收集和传播信息

收集和传播营销环境中有关潜在与现实顾客、竞争对手和其他参与者的营销信息。

2. 促进销售

设计和传播有关产品的沟通材料，吸引顾客购买。

3. 洽谈生意

代表买方或卖方就有关价格和其他交易条件进行磋商，尽力达成最终协议，实现产品所有权的转移。

4. 整理产品

按照买主的要求整理所供应的产品，包括分等、分类和包装等活动。

5. 资金融通

收集和分散资金，以负担渠道工作所需费用。

6. 承担风险

承担与渠道工作有关的全部风险。

7. 储存运输

组织产品的储存和运输工作。

三、分销渠道的结构

分销渠道由五种流程构成，即实体流程、所有权流程、付款流程、信息流程及促销流程（图 7-2）。

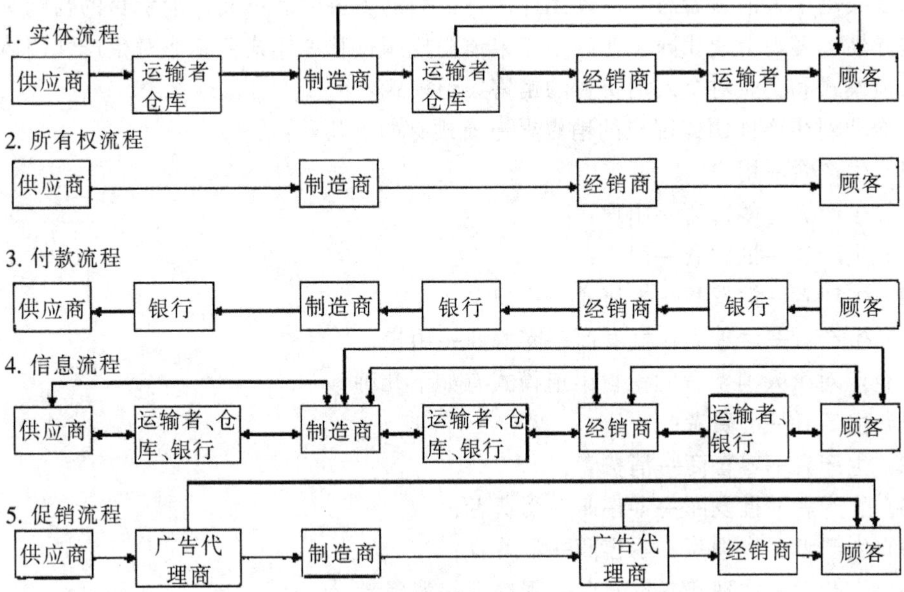

图 7-2 分销渠道五种流程

1. 实体流程

实体流程是指实体原料及成品从制造商转移到最终顾客的过程。

2. 所有权流程

所有权流程是指货物所有权从一个市场营销机构到另一个市场营销机构的转移过程。其一般流程为：供应商→制造商→代理商→顾客。

3. 付款流程

付款流程是指货款在各市场营销中间机构之间的流动过程。

4. 信息流程

信息流程是指在市场营销渠道中，各市场营销中间机构相互传递信息的过程。

5. 促销流程

促销流程是指由一单位运用广告、人员推销、公共关系、促销等活动对另一单位施加影响的过程。

组成渠道的各种机构是由几种类型的流程联结起来的。其中最重要的是实体流程、所有权流程、付款流程、信息流程和促销流程。图 7-2 举例说明了铲车的营销渠道的流程情况。实体流程描述了实体产品从原始材料到最终顾客的流程；所有权流程指商品所有权从一个营销机构向另一个机构的实际转移；付款流程指顾客通过银行和其他金融机构将货款付给经销商，再由经销商转交给制造商（扣除佣金），而制造商把货款支付给不同的供应商，当然还要向运输公司和仓储公司支付费用；信息流程指影响商品或服务从系统的一方向另一方转移的各种信息；促销流程顾名思义就是用于促销的信息或实物。

7.1.2 分销渠道的类型

一、销售渠道模式

由于我国个人消费者与生产性团体用户消费的主要商品不同，消费目的与购买特点等具有差异性，客观上使我国企业的销售渠道构成两种基本模式：企业对生产性团体用户的销售渠道模式和企业对个人消费者的销售渠道模式。

1. 企业对生产性团体用户的销售渠道模式有如下几种：

(1) 生产者—用户

(2) 生产者—零售商—用户；

(3) 生产者—批发商—用户；

(4) 生产者—批发商—零售商—用户；

(5) 生产者—代理商—批发商—零售商—用户。

2. 企业对个人消费者的销售渠道模式有如下几种：

(1) 生产者—消费者；

(2) 生产者—零售商—消费者；

(3) 生产者—批发商—零售商—消费者；

(4) 生产者—代理商—零售商—消费者；

(5) 生产者—代理商—批发商—零售商—消费者。

根据有无中间商参与交换活动，可以将上述两种模式中的所有通道，归纳为两种最基本的销售渠道类型：直接分销渠道和间接分销渠道。间接渠道又分为短渠道与长渠道。

【课堂讨论】

身边常见的商业行为都有什么样的销售渠道类型？

二、销售渠道类型

1. 直接分销渠道

直接分销渠道是指生产者将产品直接供应给消费者或用户，没有中间商介入。直接分销渠道的形式是：生产者—用户。直接分销渠道是工业品分销的主要类型。例如，大型设备、专用工具及技术复杂等需要提供专门服务的产品，都采用直接分销，消费品中有部分也采用直接分销类型，例如鲜活商品等。

直接分销渠道的具体方式在企业比较多，概括起来有如下几种：

(1) 订购分销

它是指生产企业与用户先签订购销合同或协议，在规定时间内按合同条款供应商品，交付款项。一般来说，主动接洽方多数是销售生产方（如生产厂家派员推销），也有一些走俏产品或紧俏原材料、备件等由用户上门求货。

(2) 自开门市部销售

它是指生产企业通常将门市部设立在生产区外、用户较集中的地方或商业区。也有一些邻近于用户或商业区的生产企业将门市部设立于厂前。

(3) 联营分销

如工商企业之间、生产企业之间联合起来进行销售。

【知识加油站】

直接分销渠道的优缺点

一、直接分销渠道的优点

1. 有利于产、需双方沟通信息，可以按需生产，更好地满足目标顾客的需要

由于是面对面地销售，用户可更好地掌握商品的性能、特点和使用方法；生产者能直接了解用户的需求、购买特点等及其变化趋势，进而了解竞争对手的优势和劣势及其营销环境的变化，为按需生产创造了条件。

2. 可以降低产品在流通过程中的损耗

由于去掉了商品流转的中间环节，减少了销售损失，有时也能加快商品的流转。

3. 可以使购销双方在营销上相对稳定

一般来说，直销渠道进行商品交换，都签订合同，数量、时间、价格、质量、服务等都按合同规定履行，购销双方的关系以法律的形式于一定时期内固定下来，使双方把精力用于其他方面的战略性谋划。

4. 可以在销售过程中直接进行促销

企业直接分销，实际上又往往是直接促销的活动。例如，企业派员直销，不仅促进了用户订货，同时也扩大了企业和产品在市场中的影响，又促进了新用户的订货。

二、直接分销渠道的缺点

1. 在产品和目标顾客方面

对于绝大多数生活资料商品，其购买呈小型化、多样化和重复性。生产者若凭自己的力量去广设销售网点，往往力不从心，甚至事与愿违，很难使产品在短期内广泛分销，很难迅速占领或巩固市场，企业目标顾客的需要得不到及时满足，势必转移方向购买其他厂家的产品，这就意味着企业失去目标顾客和市场占有率。

2. 在商业协作伙伴方面

商业企业在销售方面比生产企业的经验丰富，这些中间商最了解顾客的需求和购买习性，在商业流转中起着不可缺少的桥梁作用。而生产企业自销产品，就拆除了这一桥梁，势必自已去进行市场调查，包揽了中间商所承担的人、财、物等费用。这样，加重生产者的工作负荷，分散生产者的精力。更重要的是，生产者将失去中间商在销售方面的协作，产品价值的实现增加了新的困难，目标顾客的需求难以得到及时满足。

3. 在生产者与生产者之间

当生产者仅以直接分销渠道销售商品，致使目标顾客的需求得不到及时满足时，同行生产者就可能趁势而进入目标市场，夺走目标顾客和商业协作伙伴。在生产性团体市场中，企业的目标顾客常常是购买本企业产品的生产性用户，他们又往往是本企业专业化协作的伙伴。所以，失去目标顾客，又意味着失去了协作伙伴。当生产者之间在科学技术和管理经验的交流方面受到阻碍以后，将使本企业在专业化协作的旅途中更加步履艰难，这

又影响着本企业的产品实现市场份额和商业协作，从而造成一种不良循环。

2. 间接分销渠道

间接分销渠道是指生产者利用中间商将商品供应给消费者或用户，中间商介入交换活动。间接分销渠道的典型形式是：

生产者—批发商—零售商—个人消费者（少数为团体用户）

现阶段，我国消费品需求总量和市场潜力很大，且多数商品的市场正逐渐由卖方市场向买方市场转化。与此同时，对于生活资料商品的销售，市场调节的比重已显著增加，工商企业之间的协作已日趋广泛、密切。因此，如何利用间接渠道使自己的产品广泛分销，已成为现代企业进行市场营销时所研究的重要课题之一。

随着市场的开放和流通领域的搞活，我国以间接分销的商品比重日益增大。企业在市场中通过中间商销售的方式很多，如厂店挂钩、特约经销、零售商或批发商直接从工厂进货、中间商为工厂举办各种展销会等。

【知识加油站】

间接分销渠道的优缺点

一、间接分销渠道的优点

1. 有助于产品广泛分销

中间商在商品流转的始点同生产者相连，在其终点与消费者相连，从而有利于调节生产与消费在品种、数量、时间与空间等方面的矛盾。既有利于满足生产厂家目标顾客的需求，也有利于生产企业产品价值的实现，更能使产品广泛分销，巩固已有的目标市场，扩大新的市场。

2. 缓解生产者人、财、物等力量的不足

中间商购走了生产者的产品并交付了款项，就使生产者提前实现了产品的价值，开始新的资金循环和生产过程。此外，中间商还承担销售过程中的仓储、运输等费用，也承担着其他方面的人力和物力，这就弥补了生产者营销中的力量不足。

3. 间接促销

消费者往往是货比数家后才购买产品，而一位中间商通常经销众多厂家的同类产品，中间商对同类产品的不同介绍和宣传，对产品的销售影响甚大。此外，实力较强的中间商还能支付一定的宣传广告费用，具有一定的售后服务能力。所以，生产者若能取得与中间商的良好协作，就可以促进产品的销售，并从中间商那里及时获取市场信息。

4. 有利于企业之间的专业化协作

现代机器大工业生产的日益社会化和科学技术的突飞猛进，使专业化分工日益精细，企业只有广泛地进行专业化协作，才能更好地迎接新技术、新材料的挑战，才能经受住市场的严峻考验，才能大批量、高效率地进行生产。中间商是专业化协作发展的产物。生产者产销合一，既难以有效地组织商品的流通，又使生产精力分散。有了中间商的协作，生产者可以从烦琐的销售业务中解脱出来，集中力量进行生产，专心致志地从事技术研究和技术革新，促进生产企业之间的专业化协作，以提高生产经营的效率。

二、间接分销渠道的缺点

1. 可能形成“需求滞后差”

中间商购走了产品，并不意味着产品就从中间商手中销售出去了，有可能销售受阻。对某一生产者而言，一旦其多数中间商的销售受阻，就形成了“需求滞后差”，即需求在时间或空间上滞后于供给。但生产规模既定，人员、机器、资金等照常运转，生产难以剧减。当需求继续减少时，就会导致产品的供给更加大于需求。若多数商品出现类似情况，便造成所谓的市场疲软现象。

2. 可能加重消费者的负担，导致抵触情绪

流通环节增大储存或运输中的商品损耗，如果都转嫁到价格中，就会增加消费者的负担。此外，中间商服务工作欠佳，可能导致顾客对商品的抵触情绪，甚至引起购买的转移。

3. 不便于直接沟通信息

如果与中间商协作不好，生产企业就难以从中间商的销售中了解和掌握消费者对产品的意见、竞争者产品的情况、企业与竞争对手的优势和劣势、目标市场状况的变化趋势等。在当今风云变幻、信息爆炸的市场中，企业信息不灵，生产经营必然会迷失方向，也难以保持较高的营销效益。

3. 长渠道和短渠道

分销渠道的长短一般是按通过流通环节的多少来划分的，具体包括以下四层：

(1) 零级渠道（MC）：即由制造商（Manufacturer）直接到消费者（Customer）；

(2) 一级渠道（MRC）：即由制造商（Manufacturer）通过零售商（Retailer）到消费者（Customer）；

(3) 二级渠道（MWRC）：即由制造商（Manufacturer）通过批发商（Wholesaler）到零售商（Retailer）再到消费者（Customer）或者是制造商（Manufacturer）通过代理商（Agent）到零售商（Retailer）再到消费者（Customer），多见于消费品分销；

(4) 三级渠道（MAWRC）：制造商（Manufacturer）通过代理商（Agent）到批发商（Wholesaler）到零售商（Retailer）再到消费者（Customer）。

可见，零级渠道最短，三级渠道最长。

4. 宽渠道与窄渠道

渠道宽窄取决于渠道的每个环节中使用同类型中间商数目的多少。企业使用的同类中间商多，产品在市场上的分销面广，称为宽渠道。如一般的日用消费品（毛巾、牙刷、开水瓶等），由多家批发商经销，又转卖给更多的零售商，能大量接触消费者，大批量地销售产品。企业使用的同类中间商少，分销渠道窄，称为窄渠道，它一般适用于专业性强的产品，或贵重耐用的消费品，由一家中间商统包，几家经销。它使生产企业容易控制分销，但市场分销面受到限制。

5. 单渠道和多渠道

当企业全部产品都由自己直接所设的门市部销售，或全部交给批发商经销，称之为单渠道。多渠道则可能是在本地区采用直接渠道，在外地则采用间接渠道；在有些地区独家经销，在另一些地区多家分销；对消费品市场用长渠道，对生产资料市场则采用短渠道等。

7.1.3 中间商

中间商指分销渠道里的中间环节，包括批发商、零售商、代理商和经纪人。他们是将购入的产品再销售或租赁以获取利润的厂商，他们创造时间、地点及所有权效用。

一、中间商的作用

中间商为其顾客扮演采购代理人的角色，购买各种产品来转售给顾客，减少市场交叉，主要作用如下（图 7–3）。

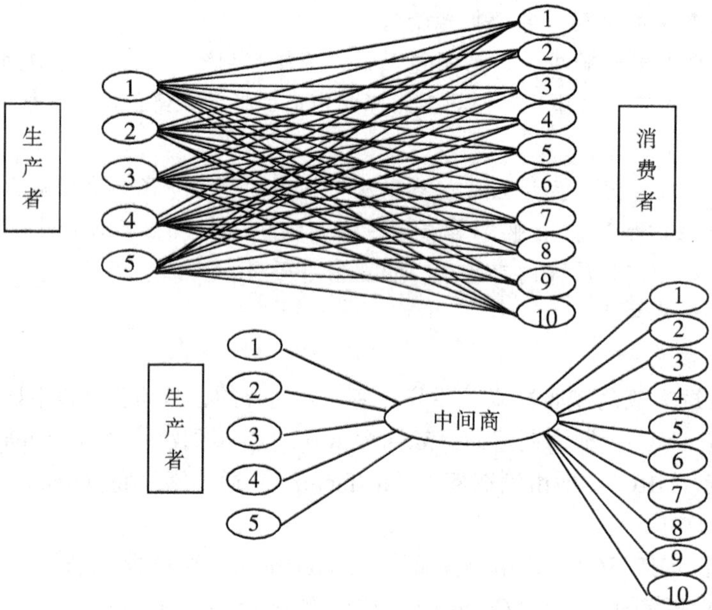

图 7–3　中间商的作用

1. 按传统的观点，人们认为，中间商在商品流通过程中会增加商品的流通费用，因此中间商应越少越好。确实，在商品的流通过程中，除了分拣、包装、整理等活动外，中间商的活动不会增加商品的价值，反而会增加商品的费用与成本的支出。但是，在商品的流通过程中，中间商又有其不可替代的作用。这种作用的第一点就是能减少整个社会的商品流通费用支出。因为从整个社会的角度看，如果没有中间商的活动，每个生产者与每个消费者都必须直接地发生交换关系才能使整个社会的供需双方都得到满足。有了中间商，可真正地像一个中间纽带一样，为各个不同的消费者提供来自各个不同的生产者的商品，消除了生产者与消费者之间的时间差异、空间差异、数量差异和品种差异。这样就能极大地减少整个社会商品流通的费用支出。

2. 中间商在减少商品流通的费用支出、消除各种差异的同时，使消费者的需求得到最大限度的满足。因为如果没有中间商，消费者只能买自己所能及的有限范围的产品，而有了中间商，从理论上说，消费者可以买到自己所需的任何商品。这也是中间商的一个重要的作用。

3. 从企业的角度看，中间商作用的发挥使企业极大地扩大了市场的范围和容量。因为中间商可以在整个世界范围内组织货源，并向整个世界范围的所有消费者销售，结果是在使消费者的需要得到充分满足的同时，也扩大了企业的市场，促进了企业生产的发展。

可以说，以上三点是中间商最重要的作用。此外，中间商作为专业的商业机构，它能提高商品流通的效率，能减轻制造商的负担，能为制造商反馈有关市场的信息，能为消费者提供各种良好的售前与售后的服务。

二、分类

中间商按照不同标准可以分为许多类型。

1. 按中间商是否持有实际货物以及是否持有商品所有权，将中间商分为经销商、代理商和经纪商

(1) 经销商

在商品流通过程中不但持有实际商品、而且获得商品所有权的中间商，都被称为经销商。经销商靠商品的贱买贵卖之差价获得商业利润。

(2) 代理商

在买卖活动中仅持有实际商品但没有商品所有权的中间商称为代理商，代理商只是代替生产商推销商品或帮助消费者购买商品，也在此过程中提供一些必要的服务，如运输、仓储、市场调查等。代理商从委托方收取佣金，在主要的销售或购买方面听从于委托方意见。商品所有权在生产商或实际使用者手中。

(3) 经纪商

指在买卖活动中既不持有实际商品、又没有商品所有权的中间商。其作用仅限于在买卖双方之间充当联系人，协助双方洽谈业务，提供少量服务。经纪商通常与买卖双方无永久性关系，交易达成后收取佣金，数额一般要低于代理商所得的佣金。

2. 按中间商的业务性质，可将经销商分为批发商和零售商

(1) 批发商

批发业务是指销售对象不是最终消费者而是其他中间商、工业用户、金融机构或其他商业性用户的各种销售活动。批发商是指那些主要从事批发业务的中间商。中间商在其商业活动中一般发挥购买、销售、分割、运输、仓储、资金融通、风险承担和管理服务、咨询服务的功能。

(2) 零售商

指从事零售业务的经销商，也包括那些以零售业务为主兼营批发的经销商。所谓零售业务是指那些把商品直接销售给最终消费者的活动。零售商要对消费者提供商业服务，以数量充足、品种齐全、质量可信、价格合理的商品供应市场。

3. 按中间商与生产者和消费者的关系密切程度，可将代理商分为厂家代理商、销售代理商、进货代理商、佣金商

(1) 厂家代理商

指受某个或某些生产厂商委托为其推销部分或全部产品的代理商。一般厂家代理商与这些生产厂商都签订有长期合同。

(2) 销售代理商

指接受某一家生产商委托，订有长期合同，按合同条件代为推销该厂商生产的全部产

品的一种代理商。其基本功能与厂家代理商相似，但销售代理商是厂商的唯一销售代理，对产品的定价、销售方式等有一定的决定权。

(3) 进货代理商

是接受买方委托代为采购商品的代理商。

(4) 佣金商

是接受生产者委托从事寄售业务的一种代理商。寄售业务是将接收来的产品置于佣金商备有的仓库中，由佣金商掌握时机，待价而沽，交易成功后从委托方收取一定佣金。

【知识加油站】

企业决定所使用的中间商的数目，一般有三种选择形式：

1. 普遍性销售

又叫密集分销，即生产企业对经销商不加任何选择，经销网点越多越好，力求使产品能广泛地和消费者接触，方便消费者购买。这种策略适用于价格低廉、无差异性的日用消费品，或生产资料中的标准件、小工具等的销售。

2. 选择性销售

生产企业选择几家批发商或零售商销售特定的产品。这种渠道策略大都适用于一些选择性较强的日用消费品和专用性较强的零配件以及技术服务要求较高的产品。

3. 独家销售

生产企业在特定的市场区域内，仅选择一家批发商或代理商经销特定的产品。这种策略一般适用于新产品、名牌产品以及有某种特殊性能和用途的产品。

7.1.4 分销渠道系统的发展

20 世纪 80 年代以来，分销渠道系统突破了由生产者、批发商、零售商和消费者组成的传统模式和类型，有了新的发展，如垂直渠道系统、水平渠道系统、多渠道营销系统等。

一、垂直渠道系统

这是由生产企业、批发商和零售商组成的统一系统。垂直分销渠道的特点是专业化管理、集中计划，销售系统中的各成员为共同的利益目标，都采用不同程度的一体化经营或联合经营 。它主要有三种形式：

1. 公司式垂直系统

指一家公司拥有和统一管理若干工厂、批发机构和零售机构，控制分销渠道的若干层次甚至整个分销渠道，综合经营生产、批发、零售业务。

这种渠道系统又分为两类：工商一体化经营和商工一体化经营。

(1) 工商一体化是指大工业公司拥有、统一管理若干生产单位、商业机构，如美国火石轮胎橡胶公司拥有橡胶种植园，拥有轮胎制造厂，还拥有轮胎系列的批发机构和零售机构，其销售门市部（网点）遍布全国。

(2) 商工一体化是指由大零售公司拥有和管理若干生产单位。

2. 管理式垂直系统

制造商和零售商共同协商销售管理业务，其业务涉及销售促进、库存管理、定价、商品陈列、购销活动等，如宝洁公司与其零售商共定商品陈列、货架位置、促销及定价。

3. 契约式垂直系统

指不同层次的独立制造商和经销商为了获得单独经营达不到的经济利益而以契约为基础实行的联合体。

二、水平渠道系统

指由两家以上的公司联合起来的渠道系统。它们可实行暂时或永久的合作。这种系统可发挥群体作用，共担风险，获取最佳效益。

三、多渠道营销系统

指对同一或不同的分市场采用多条渠道营销系统。这种系统一般分为两种形式：一种是生产企业通过多种渠道销售同一商标的产品，这种形式易引起不同渠道间激烈的竞争；另一种是生产企业通过多渠道销售不同商标的产品。

【知识加油站】

分销渠道的管理

对分销渠道进行管理，主要是做好对中间商的检查、督促与鼓励，同时，结合营销环境的变化，对现有的渠道进行调整。

1. 检查中间商

生产企业对分销渠道的常规检查通常应遵照一定的标准并具体化为一系列指标，这些指标主要有：

(1) 销售总额指标；

(2) 销售增长率指标；

(3) 阶段销售额指标；

(4) 企业的购买者数量；

(5) 产品市场占有率；

(6) 退换产品的比例；

(7) 平均存货水平；

(8) 向顾客交货时间、速度；

(9) 付款状况，其中包括经销商的付款态度、付款方式及期限、付款条件的兑现情况以及经销商的利润及其发展趋势等。

2. 督促与鼓励中间商

生产者应本着互惠的原则，协商、协助解决问题，并制订相应的政策，鼓励分销渠道成员，最大限度地发挥其销售积极性。

3. 调整渠道

由于消费者需求及市场营销环境的变化，很多时候都要求企业对原有的渠道作相应的调整。

调整渠道主要有三种情况:

(1) 增减渠道成员;

(2) 增减一条渠道;

(3) 调整整个渠道结构。

【课堂练习】

确定各层次配置同类型中间商数目属于( )渠道决策。

A. 直接渠道与间接渠道　　B. 长渠道与短渠道

C. 宽渠道与窄渠道　　D. 单渠道与多渠道

7.2 分销渠道策略

【引导案例】

胶卷的销售同其他产品相比有自己的特殊性,它更需要专业的营销网络进行分销和从事售后服务,因而,控制营销网络和销售渠道往往是国外公司进行竞争的杀手锏。几大感光材料公司在中国市场上的竞争近年来也多着眼于此。

乐凯公司采取了建立自己的渠道网络和利用代理商分销相结合的渠道策略。对销售网点的建设,乐凯公司注重从数量型扩张向质量效益型扩展,坚持"建一个成一个"。全国乐凯部、乐凯专卖店进行了整合,并大力推行规范化、标准化的管理与服务模式,重点提高各个网点的服务品质,树立品牌形象。当前乐凯已在国内建立了以三十多个乐凯部为中心,包括近千家乐凯专卖店、千余家特约冲扩店,联结数百个分销代理商,辐射数万零售冲扩点的分销网络。优良的质量,得力的分销网络,加上各种适应市场需求的营销策略,大大带动了产品销售与市场拓展。

问题:

1. 从胶片类产品的特点评价乐凯的分销策略。

2. 面对强大的竞争对手,乐凯的分销策略还应作哪些完善?

7.2.1 影响分销渠道的因素

影响分销渠道的因素很多。生产企业在选择分销渠道时,必须对下列几方面的因素进行系统的分析和判断,才能做出合理的选择。

一、产品因素

1. 产品价格

一般来说,产品单价越高,越应注意减少流通环节,否则会造成销售价格的提高,从而影响销路,这对生产企业和消费者都不利。而单价较低、市场较广的产品,则通常采用多环节的间接分销渠道。

2. 产品的体积和重量

产品的体积大小和轻重，直接影响运输和储存等销售费用，过重的或体积大的产品，应尽可能选择最短的分销渠道。对于那些按运输部门规定的起限（超高、超宽、超长、超重）的产品，尤应组织直达供应。小而轻且数量大的产品，则可考虑采取间接分销渠道。

3. 产品的易毁性或易腐性

产品有效期短，储存条件要求高或不宜多次搬运者，应采取较短的分销途径，尽快送到消费者手中，如鲜活品、危险品。

4. 产品的技术性

有些产品具有很高的技术性，或需要经常的技术服务与维修，以生产企业直接销售给用户为好，这样，可以保证向用户提供及时、良好的销售技术服务。

5. 定制品和标准品

定制品一般由产需双方直接商讨规格、质量、式样等技术条件，不宜经由中间商销售。标准品具有明确的质量标准、规格和式样，分销渠道可长可短，有的用户分散，宜由中间商间接销售；有的则可按样本或产品目录直接销售。

6. 新产品

为尽快地把新产品投入市场，扩大销路，生产企业一般重视组织自己的推销队伍，直接与消费者见面，推介新产品和收集用户意见。如能取得中间商的良好合作，也可考虑采用间接销售形式。

二、市场因素

1. 购买批量大小

购买批量大，多采用直接销售；购买批量小，除通过自设门市部出售外，多采用间接销售。

2. 消费者的分布

某些商品消费地区分布比较集中，适合直接销售。反之，适合间接销售。工业品销售中，本地用户产需联系方便，因而适合直接销售。外地用户较为分散，通过间接销售较为合适。

3. 潜在顾客的数量

若消费者的潜在需求多，市场范围大，需要中间商提供服务来满足消费者的需求，宜选择间接分销渠道。若潜在需求少，市场范围小，生产企业可直接销售。

4. 消费者的购买习惯

有的消费者喜欢到企业买商品，有的消费者喜欢到商店买商品。所以，生产企业应既直接销售，也间接销售，满足不同消费者的需求，也可增加产品的销售量。

三、生产企业本身的因素

1. 资金能力

企业本身资金雄厚，则可自由选择分销渠道，可建立自己的销售网点，采用产销合一的经营方式，也可以选择间接分销渠道。企业资金薄弱则必须依赖中间商进行销售和提供服务，只能选择间接分销渠道。

2. 销售能力

生产企业在销售力量、储存能力和销售经验等方面具备较好的条件，则应选择直接分销渠道。反之，则必须借助中间商，选择间接分销渠道。另外，企业如能和中间商进行良好的合作，或能对中间商进行有效的控制，则可选择间接分销渠道。若中间商不能很好地合作或不可靠，将影响产品的市场开拓和经济效益，则不如进行直接销售。

3. 可能提供的服务水平

中间商通常希望生产企业能尽多地提供广告、展览、修理、培训等服务项目，为销售产品创造条件。若生产企业无意或无力满足这方面的要求，就难以达成协议，迫使生产企业自行销售。反之，提供的服务水平高，中间商则乐于销售该产品，生产企业则选择间接分销渠道。

4. 发货限额

生产企业为了合理安排生产，会对某些产品规定发货限额。发货限额高，有利于直接销售；发货限额低，则有利于间接销售。

四、政策规定

企业选择分销渠道必须符合国家有关政策和法规的规定。某些按国家政策应严格管理的商品或计划分配的商品，企业无权自销和自行委托销售；某些商品在完成国家指令性计划任务后，企业可按规定比例自销，如专卖制度（如烟）、专控商品（控制社会集团购买力的少数商品）。另外，如税收政策、价格政策、出口法规、商品检验规定等，也都影响分销途径的选择。

五、经济收益

不同分销途径经济收益的大小也是影响选择分销渠道的一个重要因素。对于经济收益的分析，主要考虑的是成本、利润和销售量三个方面的因素。具体分析如下：

1. 销售费用

销售费用是指产品在销售过程中发生的费用。它包括包装费、运输费、广告宣传费、陈列展览费、销售机构经费、代销网点和代销人员手续费、产品销售后的服务支出等。一般情况下，减少流通环节可降低销售费用，但减少流通环节的程度要综合考虑，做到既节约销售费用，又有利于生产发展和体现经济合理的要求。

2. 价格分析

（1）在价格相同的条件下，进行经济效益的比较。目前，许多生产企业都以同一价格将产品销售给中间商或最终消费者，若直接销售量等于或小于间接销售量，由于生产企业直接销售时要多占用资金，增加销售费用，所以，间接销售的经济效益高，对企业有利；若直接销售量大于间接销售量，而且所增加的销售利润大于所增加的销售费用，则选择直接销售有利。

（2）当价格不同时，进行经济效益的比较。主要考虑销售量的影响，若销售量相等，直接销售多采用零售价格，价格高，但支付的销售费用也多。间接销售采用出厂价，价格低，但支付的销售费用也少。

究竟选择什么样的分销渠道呢？可以通过计算两种分销渠道的盈亏临界点作为选择的

依据。当销售量大于盈亏临界点的数量时，选择直接分销渠道；反之，则选择间接分销渠道。在销售量不同时，则要分别计算直接分销渠道和间接分销渠道的利润，并进行比较，一般选择获利的分销渠道。

7.2.2 分销渠道的选择与管理

一、分销渠道的选择

分销渠道管理人员在选择具体的分销渠道模式时，无论出于何种考虑，从何处着手，一般都要遵循以下原则：

1. 畅通高效的原则

这是渠道选择的首要原则。任何正确的渠道决策都应符合物畅其流、经济高效的要求。商品的流通时间、流通速度、流通费用是衡量分销效率的重要标志。畅通的分销渠道应以消费者需求为导向，将产品尽快、尽好、尽早地通过最短的路线，以尽可能优惠的价格送达消费者方便购买的地点。畅通高效的分销渠道模式，不仅要让消费者在适当的地点、时间以合理的价格买到满意的商品，而且应努力提高企业的分销效率，争取降低分销费用，以尽可能低的分销成本，获得最大的经济效益，赢得竞争的时间和价格优势。

2. 覆盖适度的原则

企业在选择分销渠道模式时，仅仅考虑加快速度、降低费用是不够的。还应考虑及时准确地送达的商品能不能销售出去，是否有较高的市场占有率、足以覆盖目标市场。因此，不能一味强调降低分销成本，以免导致销售量下降、市场覆盖率不足的后果。成本的降低应是规模效应和速度效应的结果。在分销渠道模式的选择中，也应避免扩张过度、分布范围过宽过广，以免造成沟通和服务的困难，导致无法控制和管理目标市场。

3. 稳定可控的原则

企业的分销渠道模式一经确定，便需花费相当大的人力、物力、财力去建立和巩固，整个过程往往是复杂而缓慢的。所以，企业一般轻易不会更换渠道成员，更不会随意转换渠道模式。只有保持渠道的相对稳定，才能进一步提高渠道的效益。畅通有序、覆盖适度是分销渠道稳固的基础。由于影响分销渠道的各个因素总是在不断变化，一些固有的分销渠道难免会出现某些不合理的情形，这时，就需要分销渠道具有一定的调整功能，以适应市场的新情况、新变化，保持渠道的适应力和生命力。调整时应综合考虑各个因素的协调，使渠道始终都在可控制的范围内保持基本的稳定状态。

4. 协调平衡的原则

企业在选择、管理分销渠道时，不能只追求自身的效益最大化而忽略其他渠道成员的局部利益，应合理分配各个成员间的利益。渠道成员之间的合作、冲突、竞争的关系，要求渠道的领导者对此有一定的控制能力——统一、协调、有效地引导渠道成员充分合作，鼓励渠道成员之间有益的竞争，减少冲突发生的可能性，解决矛盾，确保总体目标的实现。

5. 发挥优势的原则

企业在选择分销渠道模式时为了争取在竞争中处于优势地位，要注意发挥自己各个方面的优势，将分销渠道模式的设计与企业的产品策略、价格策略、促销策略结合起来，增强营销组合的整体优势。

二、分销渠道的管理

对分销渠道的管理主要是对中间商的激励、评估和调整。激励渠道成员的方法大致有：向其提供物美价廉、适销对路的产品；促销支持；合理分配利润；资金资助；提供情报等。

评估渠道成员的目的是及时掌握情况，发现问题，以便更有针对性地对不同类型的中间商开展激励和推动工作，提高渠道的效率。评估的标准一般包括：销售定额的完成情况、平均存货水平、向顾客交货时间、对公司促销与培训计划的合作情况、货款返回的状况以及中间商对顾客提供的服务等。

销售渠道可以通过以下方式进行调整。第一，增减成员。是增减个别中间商，而不是增减渠道。第二，当生产者利用某一分销渠道销售产品不理想时，或者市场需求扩大而原有需求不能够满足时，或者生产者利用某些分销渠道一方面销量下降，而另一方面市场的需求又不能满足时，生产者要考虑减少或增加渠道。第三，调整全部渠道。如直接渠道改为间接渠道等。

【课堂讨论】

西门子家电：通路运作

1. 注意网点建设的质量。西门子家电在中国，走的是“以点带线，以线带面”道路，即在一个地区重点扶持一个点，时机成熟后再增加新的销售网点。西门子重视网点建设的质量表现在两个方面：对网点的细心培育和零售业态的有效组合。销售人员经常深入终端与零售商进行广泛的沟通，听取他们的意见，及时解决他们在销售中遇到的困难和问题，在产品展示陈列、现场广告促销及补货等方面给予有力支持，处理好厂家与零售商的利益关系。另一方面，严格规范零售商的销售行为，用制度来管理，一视同仁，奖罚分明，避免了零售终端无序经营和乱价现象的发生。

2. 创造厂家与零售商的互惠协作关系，走双赢之路。西门子家电销售采取直接对零售终端的通路模式，不通过任何中间批发环节，由厂家开拓和培育网络。创造一个与零售商互惠合作的良好环境：采取一切有效的措施把产品卖给消费者，而非把产品仅仅推销给零售商（观念：只有让消费者更多地购买产品，零售商才能赚到钱，企业因此才能获利）。西门子“情感营销”给家电领域注入了新内容，成为一种销售沟通手段。

讨论：

1. 在目前买方市场的条件下，家电销售的终端建设越来越重要，终端的优势不仅仅在于网点的数量，更在于终端的质量——销售沟通与销售数量。

2. 对零售终端的精耕细作是提高销售业绩的根本途径，厂家在销售过程必须对终端市场的每一个环节及相关层进行细致、规范的管理和运作，供货、产品摆放、产品介绍、现场广告等每一个环节都会影响到销售效果。

【课堂练习】

某企业的主要产品是香皂和洗衣粉。该企业最适合采取 （ ）

A. 选择分销策略　B. 独家分销策略

C. 人员推销策略　D. 密集分销策略

【本章小结】

1. 分销就是使产品和服务以适当的数量和地域分布来适时地满足目标市场的顾客需要。

2. 分销渠道是指产品从生产者转移到消费者过程中所经的通道。

3. 分销渠道进行的工作是把商品从生产者那里转移到消费者手里。

4. 分销渠道进行决策时，主要注意以下因素：(1) 商品因素；(2) 市场因素；(3) 消费者因素；(4) 制造商（公司）本身因素；(5) 环境因素。

【本章习题】

一、单选题

1. 下列哪一项不属于分销渠道 （ ）

A. 代理中间商　B. 商人中间商　C. 生产者和用户　D. 辅助商

2. 分销渠道的宽度是指 （ ）

A. 中间环节的多少　B. 生产厂家的多少

C. 同一层次分销点的多少　D. 不同层次分销点的多少

3. 生产资料分销渠道中最重要的类型是 （ ）

A. 生产者→批发商→用户　B. 生产者→用户

C. 生产者→代理商→用户　D. 生产者→代理商→批发商→用户

4. 产品单价高、体积大而笨重，可考虑下列何种渠道 （ ）

A. 短而宽　B. 短而窄　C. 长而宽　D. 长而窄

5. 受生产者或卖方委托代销产品的中间商是 （ ）

A. 经纪商　B. 销售代理商

C. 厂商代理商　D. 寄售代理商

二、多选题

1. 下列既属于分销渠道又属于市场营销渠道的是 （ ）

A. 供应商　B. 消费者　C. 生产者　D. 辅助商

2. 在分销渠道中一般不包括 （ ）

A. 供应商　B. 批发商　C. 零售商　D. 辅助商

3. 市场营销渠道的层次主要包括 （ ）

A. 一层渠道　B. 二层渠道　C. 多层渠道　D. 三层渠道

4. 生产者在处理与经销商的关系时所采用的方法有 （ ）

A. 竞争　B. 合作　C. 合伙　D. 分销规划

5. 企业在经营下列哪种产品情况下最好选择较短的分销渠道 ( )

A. 鲜活易腐产品 B. 技术性强的产品

C. 体积大、重量大的产品 D. 成熟期的产品

三、判断题

1. 产品是影响渠道结构的唯一因素。 ( )

2. 选购品适宜广泛分销。 ( )

3. 零售商与批发商的主要区别就是在于最终服务对象的不同。 ( )

4. 生产者应注重运用强制力、感召力、专长力、法定力。 ( )

5. 批发商与零售商之间不会发生渠道冲突。 ( )

四、案例分析题

李明辉是大华公司销售部的经理，正在紧锣密鼓地为即将召开的由董事长主持的“下一年公司战略发展讨论会”做准备。大华公司的组织及销售系统如下图所示：

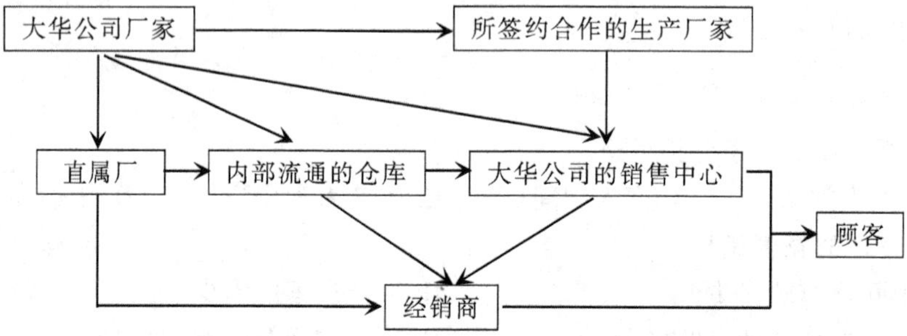

大华公司的组织和销售系统由以下几部分构成，其中 2 家直属的公司是全年生产的工厂，5 家签约的公司属于季节性生产的工厂，3 个负责内部流通的仓库，分布在全国的 10 家全天候的销售中心，分布在全国各地的约 100 家特约经销商。大华公司主要销售 49 种不同商品和库存物品。对销售而言，这些商品可分为两大类：A 类和 B 类。A 类由 13 种库存商品组成，这类商品的销售具有很强的季节性，且占据了公司 85%的收入。B 类由其余 36 种商品组成，虽然是全年都在销售，但同 A 类商品一样，也具有季节性，这类商品虽然只占销售额的 15%，但却贡献了 30%的税前利润。

大华公司的组织和销售系统通常情况下，这两类产品在农业上的用途比较广泛，因此一向受到农药经销商的欢迎。公司把商品批发给特约经销商，经销商再转手卖给农民。经销商转手销售的途径有两条：传统的遍布农村各乡镇的供销社；一些新兴的分布在大的乡镇的专门销售农药的零售商。这类特约经销商不仅销售大华公司的产品，而且销售其他公司包括公司的竞争对手的产品。按经验来说，一般农户在用药前的 1~2 个星期去购买公司产品，而订购这类产品很大程度上取决于当地的各季度降雨量。因此，公司在农民需要产品时必须及时供应，同时每一单位的剂量必须与当地的降雨量紧密联系，而全国各地的农民的需求在用药时间上有很大差异

问题：

请结合案例进行分销渠道评估。

第八章 促销策略

* 学习目标

* 本章小结
* 本章习题

【学习目标】

* 理解促销的本质，掌握促销组合的基本策略。
* 了解广告宣传形式和特点。
* 了解营业推广的概念、作用和局限性。

8.1 促销及促销组合概述

【引导案例】

“福到吉到团圆到”春节促销活动

春节是中国最重要的传统佳节，也是饮料销售的旺季，王老吉在春节期间进行“福到吉到团圆到”促销活动，是一个与全国消费者交流感情的很好机会，不但抢占了旺季市场、提升了产品销量及市场整体表现，而且红罐的王老吉迎合了中国人幸福安康、合家团圆、喜庆吉祥的节日文化氛围。

内容：1. 活动时间：2010 年 1 月至 2 月

2. 活动主题："福到吉到团圆到"

3. 活动对象：全国范围内消费者

4. 活动方式：消费者购买王老吉产品可参与抽奖，有机会获得价值1980元的团圆饭一桌

5. 活动费用：全国1000桌×1680元/桌=1680000元

该活动符合消费者希望经济实惠的消费心理，活动设计很出彩，很实在，主题突出，品牌形象鲜明，符合一贯的"吉庆时分，当然是王老吉"利益诉求。

8.1.1 促销的概念与实质

促销就是营销者向消费者传递有关本企业及产品的各种信息，说服或吸引消费者购买其产品，以达到扩大销售量的目的。促销实质上是一种沟通活动，即营销者（信息提供者或发送者）发出作为刺激消费的各种信息，把信息传递到一个或更多的目标对象（即信息接受者，如听众、观众、读者、消费者或用户等），以影响其态度和行为。常用的促销手段有广告、人员推销、网络营销、营业推广和公共关系。企业可根据实际情况及市场、产品等因素选择一种或多种促销手段的组合。在此，需要特别注意的有三点：

第一，促销必须明确对象。促销的对象应该是企业现有的目标顾客或潜在顾客，以及对目标顾客行为有影响的群体，如购买的决定者、影响者等。

第二，促销活动的实质是一种沟通、激发活动。社会化的商品生产和商品流通决定了生产者、经营者与消费者之间客观上存在着信息的分离，企业生产和经营的商品性能、特点顾客不一定知晓，从而要求企业将有关商品和服务的存在及其性能、特征等信息，通过声音、文字、图像或实物传播给顾客，增进顾客对其商品或服务的了解，引起顾客的注意和兴趣，帮助顾客认识商品或服务所能带给他们的利益，激发他们的购买欲望，为顾客最终做出决定提供依据。

第三，促销的主要任务是将商品和服务的信息传递给顾客，促成消费者的购买，以达到扩大销售、增加效益的目的。

【课堂讨论】

促销作为一种沟通活动，其帮助和说服消费者所采取的信息传递方式可分为两类：

一类是单向传递，指单方面将商品或服务信息传递给消费者的方式，也就是以"卖方→买方"的方式传递商品或服务信息。

另一类是双向传递，就是双方沟通信息的方式，亦即以"卖方⟷买方"方式传递商品或服务信息。

这后一种方式的信息传递，一方面向消费者宣传介绍商品和服务，激发购买欲望；另一方面同时直接获得消费者的反馈信息，从而不断完善商品和服务的适销对路程度，更好地满足消费者的需要。

试举例说明在生活中你见过的双向传递。

8.1.2 促销的方式

现代市场营销学认为，促销的方式包括人员促销和非人员促销两大类，具体分为人员

推销、广告宣传、公共关系和营业推广四种方式。

一、人员推销

人员推销是一种既传统又现代的促销方式。它是指企业派人员或委托推销人员，亲自向目标顾客对商品或服务进行介绍、推广宣传和销售。

二、广告宣传

广告宣传是指企业通过一定的媒介物，公开而广泛地向社会介绍企业的营销形势和产品品种、规格、质量、性能、特点、使用方法以及劳务信息的一种宣传方式。

三、公共关系

公共关系是指企业通过种种活动使社会各界公众了解本企业，以取得他们的信赖和好感，从而为企业创造一种良好的舆论环境和社会环境的经营管理艺术。

四、营业推广

营业推广是指工商企业在比较大的目标市场中，为刺激早期需求而采取的能够迅速产生鼓励作用、促进商品销售的一种措施。

8.1.3 促销组合的基本策略

如前所述，促销的方式有直接促销和间接促销两种，又可分为人员推销、广告宣传、公共关系和营业推广四种。由于各种促销方式都有其优点和缺点，在促销过程中，企业常常将多种促销方式同时并用。所谓促销组合，就是企业根据产品的特点和营销目标，综合各种影响因素，对各种促销方式的选择、编配和运用。促销组合是促销策略的前提，在促销组合的基础上，才能制定相应的促销策略。因此，促销策略也称促销组合策略。促销策略从总的指导思想上可分为推式策略和拉式策略两类（图 8–1）。

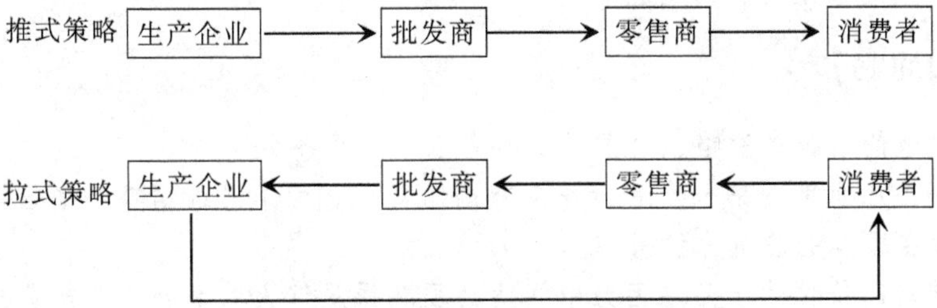

图 8–1　推式策略和拉式策略

一、推式策略

推式策略是企业运用人员推销的方式，把产品推向市场，即从生产企业推向中间商，再由中间商推给消费者，故也称人员推销策略。推式策略一般适合于单位价值较高的产品，性能复杂、需要做示范的产品，根据用户需求特点设计的产品，流通环节较少、流通渠道较短的产品，市场比较集中的产品等。

推动策略常用方法有：

1. 推销人员带样品盒、说明书走访顾客

推销员在掌握市场信息后，积极寻找顾客，与顾客建立良好的关系，用产品去吸引顾客的注意力，提高顾客购买兴趣。

2. 建立健全产品的销售网点

推销网点应建在顾客集中的城镇，对质高价高的工艺品、金银首饰可建立专门性的销售网点；价格高使用时间长的耐用品，如电冰箱、电视机、高档家具可在城市闹市区，选择性建立销售网点；与人们息息相关的方便性产品，可建立密集型的销售网点。

3. 利用售前、售中、售后服务，促使增加销售

现代销售离不开高质量的服务，服务是推式策略的重要组成部分。售前服务主要是为顾客宣传介绍产品、传递产品信息，刺激购买；售中服务主要是帮助顾客选购产品，帮助他们解决购买中的困难；售后服务主要是帮助顾客解决购买后的送货、使用培训、退换和维修等服务。

还可以举办产品宣传讲座和实物推销。

二、拉式策略

拉式策略也称非人员推销策略，是指企业运用非人员推销方式把顾客拉过来，使其对本企业的产品产生需求，以扩大销售。对单位价值较低的日常用品，流通环节较多、流通渠道较长的产品，市场范围较广、市场需求较大的产品，常采用拉式策略。

拉引策略主要有以下几种方法：

1. 进行广告宣传。

2. 实行代销、试销。代销和试销具有试验的性质，因为新产品初次投入市场时，销售情况难以预料，流通部门不愿大批量进购。同时，这种方式可以消除他们的疑虑，建立对企业产品的信心。

3. 通过创名牌、树信誉，增强用户的信任感。在产品销售中，顾客最关心的是产品质量、使用效果和使用期限。名牌产品、高质量的服务自然对顾客具有吸引能力。

4. 召开产品的展销会、订货会。

【知识加油站】

为了有效地使用推式策略，企业必须具备以下三个条件：

1. 拥有高品质水准的单一产品，并具有推销卖点。为了促进销售，销售人员必须能够吸引、掌握潜在顾客的注意力和兴趣。

2. 拥有相对高价位的产品。因为中间商必须获得足够大的毛利，才能负担起推销活动所需的费用，而且销售人员拜访客户也是很大开销，所以采取推式策略的产品，必须能够负担所支出的费用。

3. 对中间商及其销售人员，必须拥有足够引起其兴趣的经济鼓励。先进货再转销给他人的中间商，通常都希望产品利润高于一般水准。

在下列情况下，应采用拉式策略：

1. 市场上的便利品。

2. 产品差异化不大，企业拥有充分的资金，有力量支持广告促销等。

3. 企业产品的销售对象比较广泛。

4. 新产品初次上市，需要扩大知名度。

8.1.4 促销策略的影响因素

促销组合和促销策略的制定，其影响因素较多，主要应考虑以下几个因素：

一、促销目标

它是企业从事促销活动所要达到的目的。在企业营销的不同阶段和为适应市场营销活动的不断变化，要求有不同的促销目标。无目标的促销活动收不到理想的效果。因此，促销组合和促销策略的制定，要符合企业的促销目标，根据不同的促销目标，采用不同的促销组合和促销策略。

二、产品因素

1. 产品的性质

不同性质的产品，购买者和购买目的就不相同，因此，对不同性质的产品必须采用不同的促销组合和促销策略。一般说来，在消费者市场，因市场范围广而更多地采用拉式策略，尤其以广告和营业推广形式促销为多；在生产者市场，因购买者购买批量较大，市场相对集中，则以人员推销为主要形式。

2. 产品的生命周期

促销目标在产品生命周期的不同阶段是不同的，这决定了在产品生命周期各阶段要相应选配不同的促销组合，采用不同的促销策略。

以消费品为例，在投入期，促销目标主要是宣传介绍商品，以使顾客了解、认识商品，产生购买欲望。广告宣传起到了向消费者、中间商宣传介绍商品的功效的作用，因此，这一阶段以广告宣传为主要促销形式，以营业推广和人员推销为辅助形式。在成长期，由于产品打开销路，销量上升，同时也出现了竞争者，这时仍需加强广告宣传，但要注重宣传企业产品特色，以增进顾客对本企业产品的购买兴趣，若能辅之以公关手段，会收到相得益彰之佳效。在成熟期，竞争者增多，促销活动以增进购买兴趣与偏爱为目标，广告的作用在于强调本产品与其他同类产品的细微差别。同时，要配合运用适当的营业推广方式。在衰退期，由于更新换代产品和新发明产品的出现，使原有产品的销量大幅度下降。为减少损失，促销费用不宜过大，促销活动适宜针对老顾客，采用提示性广告，并辅之适当的营业推广和公关手段。

3. 市场条件

市场条件不同，促销组合与促销策略也有所不同。从市场地理范围大小看，若促销对象是小规模的本地市场，应以人员推销为主；而对广泛的全国甚至世界市场进行促销，则多采用广告形式。从市场类型看，消费者市场因消费者多而分散，多数靠广告等非人员推销形式；而对用户较少、批量购买、成交额较大的生产者市场，则主要采用人员推销形式。此外，在有竞争者的市场条件下，制定促销组合和促销策略还应考虑竞争者的促销形式和策略，要有针对性地不断变换自己的促销组合及促销策略。

4. 促销预算

企业开展促销活动，必然要支付一定的费用。费用是企业经营十分关心的问题，并且企业能够用于促销活动的费用总是有限的。因此，在满足促销目标的前提下，要做到效果好而费用省。企业确定的促销预算额应该是企业有能力负担的，并且是能够适应竞争需要的。为了避免盲目性，在确定促销预算额时，除了考虑营业额的多少外，还应考虑促销目标的要求、产品市场生命周期等其他影响促销的因素。

【课堂练习】

单项选择题

在产品生命周期的（　　），企业应积极主动地扩大分销渠道，为日后产品的销售奠定良好网络基础。

A. 投入期　　B. 成熟期　　C. 衰退期　　D. 成长期

8.2 人员推销

【引导案例】

今天是星期四，下午4点刚过，麦克精神抖擞地走进办公室。他今年35岁，身高6英尺，深蓝色的西装上看不到一丝皱褶，浑身上下充满朝气。从上午7点开始，麦克便开始了一天的工作。麦克除了吃饭的时间，始终没有闲过。麦克5：30有一个约会。为了利用4点至5：30这段时间，麦克便打电话，向客户约定拜访的时间，以便为下星期的推销拜访而预做安排。

打完电话，麦克拿出数十张卡片，卡片上记载着客户的姓名、职业、地址、电话号码资料以及资料的来源。卡片上的客户都居住在市内东北方的商业区内。麦克选择客户的标准包括客户的年收入、职业、年龄、生活方式和嗜好。麦克的客户来源有三种：一是现有的顾客提供的新客户的资料；二是麦克从报刊上的人物报道中收集的资料；三是从职业分类上寻找客户。在拜访客户以前，麦克一定要先弄清楚客户的姓名。例如，想拜访某公司的执行副总裁，但不知道他的姓名，麦克会打电话到该公司，向总机人员或公关人员请教副总裁的姓名。知道了姓名以后，麦克才进行下一步的推销活动。

人员推销是一个由销售员进行面对面沟通的过程。销售员通过交流，了解潜在购买者的欲望和要求，介绍产品的功能与特点，推销产品，以满足购买者的需要。人员推销还能与购买者建立起长期良好的关系。

8.2.1 人员推销的特点

人员推销在众多促销方式中显现出了不可替代的优点，主要表现在以下几个方面：

一、信息传递的双向性

作为一种促销方式，只有人员推销这种形式能够实现双向信息沟通。一方面，它可以把企业的有关信息传递给最终用户和中间商，也就是推销对象；另一方面，推销人员通过和推销对象面对面的接触，可以把推销对象有关企业、产品、品牌、竞争对手方面的信息传递或反馈回来。通过这种双向信息沟通，企业可以及时、准确地了解到市场方面的有关情况和信息，为企业营销决策的调整提供依据。这种沟通起到了重要的信息源的作用。

二、推销目的的双重性

企业派推销人员向推销对象推荐各种产品与服务，主要目的就是尽可能多地实现商品销售。另外，它在这一过程中还可以实现市场调研。因此，推销的目的有两个：一是推销商品；二是市场调研。

在实践中，往往存在着不能充分、有效地发挥人员推销优点的现象和弊端，主要是因为推销人员在市场调研方面的作用没有得到很好的发挥。也就是说，企业在派推销人员进行推销和信息沟通时，应该要求推销人员定期或不定期地提交市场调查报告，这是企业建立市场营销信息系统、建立客户档案的一项基础性的重要工作。推销人员源源不断地从推销对象那里获取大量信息，有利于建立、修改或完善市场营销信息系统。

三、推销过程的灵活性

通过人与人之间面对面的接触，推销人员可以及时地回答推销对象对企业和产品各个方面的质疑，以消除推销对象、最终用户的疑虑。同时，在面对面接触的过程中，还可以针对产品价格、付款时间、交货地点等问题进行灵活机动的洽商，这对于交易的达成是非常有利的。

四、友好协作的长期性

由于推销人员和推销对象经常接触，相互之间容易结成深厚的友谊，这种友谊的建立，可以为进一步建立贸易合作伙伴关系奠定深厚的基础，这是其他促销形式所不具备的优点。所以，人员推销这种形式要求推销人员注重关系营销，注重友好关系的建立、维系与发展。

8.2.2 人员推销的形式和对象

一、人员推销的形式

1. 上门推销

上门推销是最常见的人员推销形式。它是由推销人员携带产品的样品、说明书和订单等走访顾客，推销产品。这种推销形式，可以针对顾客的需要提供有效的服务，方便顾客，故为顾客所广泛认可和接受。此种形式是一种积极主动的、名副其实的“正宗”推销形式。

2. 柜台推销

又称门市推销，是指企业在适当地点设置固定的门市，由营业员接待进入门市的顾客，推销产品。门市的营业员是广义的推销人员。柜台推销与上门推销正好相反，它是等客上门式的推销方式。由于门市里的产品种类齐全，能满足顾客多方面的购买要求，为顾客提供较多的购买方便，并且可以保证商品安全无损，故此，顾客比较乐于接受这种方式。柜台推销适合于零星小商品、贵重商品和容易损坏的商品。

3. 会议推销

它指的是利用各种会议向与会人员宣传和介绍产品，开展推销活动。例如，在订货会、交易会、展览会、物资交流会等会议上推销产品均属会议推销。这种推销形式接触面广，推销集中，可以同时向多个推销对象推销产品，成交额较大，推销效果较好。

二、人员推销的推销对象

推销对象是人员推销活动中接受推销的主体，是推销人员说服的对象。推销对象有消费者、生产用户和中间商三类。

1. 向消费者推销

推销人员向消费者推销产品，必须对消费者有所了解。为此，要掌握消费者的年龄、性别、民族、职业、宗教信仰等基本情况，进而了解消费者的购买欲望、购买能力、购买特点和购买习惯等，并且，要注意消费者的心理反应。对不同的消费者，施以不同的推销技巧。

2. 向生产用户推销

将产品推向生产用户的必备条件是熟悉生产用户的有关情况，包括生产用户的生产规模、人员构成、经营管理水平、产品设计与制作过程以及资金情况等。在此前提下，推销人员还要善于准确而恰当地说明自己产品的优点；并能对生产用户使用该产品后所得到的效益作简要分析，以满足其需要；同时，推销人员还应帮助生产用户解决疑难问题，以取得用户的信任。

3. 向中间商推销

与生产用户一样，中间商也对所购商品具有丰富的专门知识，其购买行为也属于理智型。这就需要推销人员具备相当的业务知识和较高的推销技巧。在向中间商推销产品时，首先要了解中间商的类型、业务特点、经营规模、经济实力以及他们在整个分销渠道中的地位；其次，应向中间商提供有关信息，给中间商提供帮助，建立友谊，扩大销售。

【知识加油站】

全世界前五名的推销员

* 原一平：日本寿险推销冠军，推销员协会会长，美国百万圆桌协会成员，在世界推销界享有极高声誉。名言：做正确的事，而不是多做事；要做需要做的事，而不是你喜欢做的事。

* 汤姆·霍普金思：世界第一推销训练大师，全球接受过其训练的学生超过千万人。名言：成功者绝不放弃，放弃者绝不会成功。

* 博恩·崔西：世界顶级管理与营销培训大师。全球推销员的典范，曾被列入全美十大杰出推销员。名言：人类因梦想而伟大，因挫折而成长，因实践而成功。

* 乔·吉拉德：世界汽车销售第一人，曾连续15年创造了汽车销售最高纪录而被载入吉尼斯大全。名言：推销活动真正的开始在成交之后，而不是之前。

* 克莱门特·斯通：美国联合保险公司董事长，在全美乃至世界商业界都享有极大声誉的销售、管理大师。名言：对强者来说，困难愈多成就愈大，具体到推销这个职业来

说，在大的机构推销可以获得更大的成功。

8.2.3 人员推销的策略和技巧

【课堂讨论】

曾有这样一则寓言：老狼山姆在沙漠中遇见了迷路的狐狸。狐狸说："山姆先生，如果你肯做我的向导，找到通往绿洲的标志，我愿意用四两黄金和这颗五克拉的钻戒买你身边的那桶水。"老狼山姆兴奋地答应了。经过两天的旅途奔波，它们找到了通往绿洲的标志，而山姆的水也用完了，"狐狸先生，你能不能给我点水喝！"老狼哀求道。"可以的，不过，你得用我那四两黄金及五克拉的钻戒来换，而且如果你想多喝点，你还得多付些代价！"老狼山姆以一桶不值钱的水换得了一笔财富，可是最后却不得不为了宝贵的生命付出了更高的代价。

讨论：

为什么一桶水要拿四两黄金及五克拉的钻戒来变换？

在推销中，推销员不也是无时无刻不在遇到此类问题吗？

为什么某些人不屑一顾的产品，而有人却愿付出巨大的代价以得到它？

为什么有人为一顿饭一掷千金，却会对另外的商品斤斤计较？

答案真实很简单：顾客的买与不买，取决于他对商品的需求程度，即对商品价值的认同。人们常说推销员是"见人说人话，见鬼说鬼话，人鬼不见说胡话"，虽充满调侃的味道，但也道出了推销的一个要点：一个产品包含着不同的利益，而顾客也有不同的利益要求，推销员必须使产品利益和顾客要求相吻合，把"特别的爱给特别的你"，才能打动顾客。

推销的艺术，在很大程度上就是针对顾客的不同心理做适当说明的艺术。推销是充满挑战和智慧的活动，一个成功的销售人员，必须充分了解产品的特点和客户的个别资料，并能机智地把产品的特点转换成客户的特别需要，这样才能吸引客户的注意，才能激发他对商品的个别需求，完成一次圆满的销售。在人员推销活动中，一般采用以下三种基本策略：

一、试探性策略

也称为"刺激-反应"策略。这种策略是在不了解顾客的情况下，推销人员运用刺激性手段引发顾客产生购买行为的策略。推销人员事先设计好能引起顾客兴趣、能刺激顾客购买欲望的推销语言，通过试探性交谈进行刺激，在交谈中观察顾客的反应；然后根据其反应采取相应的对策，并选用得体的语言，再对顾客进行刺激，进一步观察顾客的反应，以了解顾客的真实需要，诱发其购买动机，引导其产生购买行为。

二、针对性策略

是指推销人员在基本了解顾客某些情况的前提下，有针对性地对顾客进行宣传、介绍，以引起顾客的兴趣和好感，从而达到成交的目的。因推销人员常常在事前已根据顾客的有关情况设计好推销语言，这与医生对患者诊断后开处方类似，故又称针对性策略为

"启发-配方"策略。

三、诱导性策略

是指推销人员运用能激起顾客某种需求的说服方法，诱发、引导顾客产生购买行为。这种策略是一种创造性推销策略，它对推销人员要求较高，要求推销人员能因势利导，诱发、唤起顾客的需求；并能不失时机地宣传介绍和推荐所推销的产品，以满足顾客对产品的需求。因此，从这个意义上说，诱导性策略也可称"诱发-满足"策略。

【课堂练习】

单项选择题

在市场营销中，能最大限度地刺激销售人员积极性的激励方法是　　（　　）

A. 固定薪金加奖励　　B. 佣金制　　C. 浮动工资　　D. 固定工资

8.3 广告

【引导案例】

"百年润发"洗发露

"如果说人生的离合是一场戏，那么百年的缘分更是早有安排。青丝秀发，缘系百年。"或许很多人还记得十年前的这句经典的广告词以及周润发经典的表演。这不仅是"百年润发"的一句广告语，更是一种意境、一种美好情感的凝聚。是呵护百年，温情中展示着要树百年品牌的决心。它不仅道尽了人们对美好事物的向往，更是将意境与情感、商业与文化、品牌与明星完美地融合，堪称经典！而白头偕老的情愫是借助于男主人公周润发一往情深地给"发妻"洗头浇水的镜头表现出来的。当时的一项调查显示，广告产生的所有感动几乎都来自这个情节，这个广告为企业创造了近8个亿的销售收入。

广告作为促销方式或促销手段，是一门带有浓郁商业性的综合艺术。虽说广告并不一定能使产品成为世界名牌，但若没有广告，产品肯定不会成为世界名牌。成功的广告可使默默无闻的企业和产品名声大振，家喻户晓，广为传播。

8.3.1 广告的概念

广告（Advertising）一词源于拉丁语（Adventure），有"注意"、"诱导"、"大喊大叫"和"广而告之"之意。广告作为一种传递信息的活动，它是企业在促销中普遍重视且应用最广的促销方式。市场营销学中探讨的广告，是一种经济广告。亦即，市场营销学中的广告是广告主以促进销售为目的，付出一定的费用，通过特定的媒体传播商品或劳务等有关经济信息的大众传播活动。

从广告的概念可以看出，广告是以广大消费者为对象的大众传播活动；广告以传播商品或劳务等有关经济信息为其内容；广告是通过特定的媒体来实现的，并且广告主要对使用的媒体支付一定的费用；广告的目的是促进商品销售，进而获得较好的经济效益。

【课堂讨论】

下面两种广告都熟悉吗？喜欢哪一种？

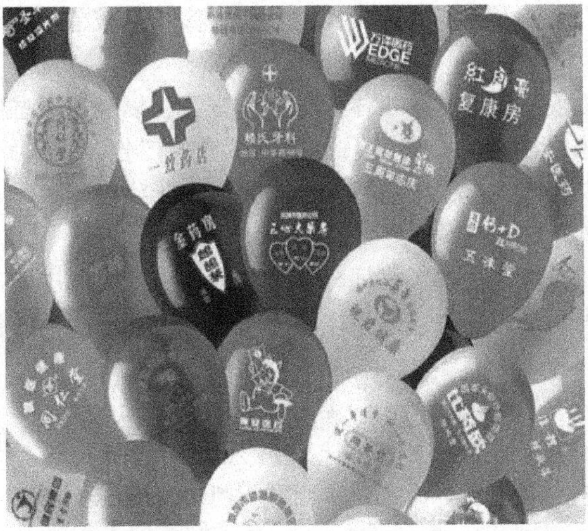

8.3.2 广告的分类

根据不同的划分标准，广告有不同的种类。

一、根据广告的内容和目的划分

1. 商品广告

它是针对商品销售开展的大众传播活动。商品广告按其目的不同可分为三种类型：

一是开拓性广告，亦称报道性广告。它是以激发顾客对产品的初始需求为目标，主要介绍刚刚进入投入期产品的用途、性能、质量、价格等有关情况，以促使新产品进入目标市场。

二是劝告性广告，又叫竞争性广告。是以激发顾客对产品产生兴趣、增进“选择性需求”为目标，是对进入成长期和成熟前期产品所做的各种传播活动。

三是提醒性广告，也叫备忘性广告或提示性广告。是指对已进入成熟后期或衰退期的产品所进行的广告宣传，目的在于提醒顾客，使其产生“惯性”需求。

2. 企业广告

又称商誉广告。这类广告着重宣传、介绍企业名称、企业精神、企业概况（包括厂史、生产能力、服务项目等情况）等有关企业的信息，其目的是提高企业的声望、名誉和形象。

3. 公益广告

公益广告是用来宣传公益事业或公共道德的广告。它的出现是广告观念的一次革命。公益广告能够实现企业自身目标与社会目标的融合，有利于树立并强化企业形象。公益广告有广阔的发展前景。

二、根据广告传播的区域来划分

1. 全国性广告

是指采用信息传播能覆盖全国的媒体所做的广告，以此激发全国消费者对所广告的产品产生需求。在全国发行的报纸、杂志以及广播、电视等媒体上所做的广告，均属全国性广告。这种广告要求广告产品是适合全国通用的产品，并且，因其费用较高，也只适合生产规模较大、服务范围较广的大企业，而对实力较弱的小企业实用性较差。

2. 地区性广告

指的是采用信息传播只能覆盖一定区域的媒体所作的广告，借以刺激某些特定地区消费者对产品的需求。在省、县报纸、杂志、广播、电视上所做的广告，均属此类；路牌、霓虹灯上的广告也属地区性广告。此类广告传播范围小，多适合于生产规模小、产品通用性差的企业和产品进行广告宣传。

此外，还有一些分类。例如，按广告的形式划分，可分为文字广告和图画广告；按广告的媒体划分，可分为报纸广告、杂志广告、广播广告、电视广告、互联网广告等等。

【知识加油站】

2010年8月12日，深圳移动就宣布正式成为深圳2011年世界大运会中国代表团高级合作伙伴。在大运会开始后，中国运动员的入场服装、领奖服装、比赛服装上均印有中国移动的LOGO，志愿者也身穿印有中国移动LOGO的服装接待了来自世界各地的游客。遍布深圳各个角落印着中国移动LOGO的750个志愿者服务站，给中国移动LOGO的曝光率带来了超乎预期的二次传播效果。

在大运会隆重举行期间，当穿着印有中国移动LOGO服装的中国运动员代表队从进入大运会赛场的那一刻开始，报纸、电视、电台、网络等各种媒介都聚焦在中国运动员的身上，伴随着中国运动员夺冠、领奖，中国移动嵌入式的宣传推广也同样取得了出乎意料的成功。

更值得一提的是，赞助中国运动员代表团和城市志愿者的费用和大运会官方赞助费用相比更为低廉，从而为深圳移动节省出更多的资源投入其他的市场营销和传播。

8.3.3 广告的设计决策

一、广告设计的概念

广告设计是一种职业，是基于在计算机平面设计技术应用的基础上，随着广告行业发展所形成的一个新职业。该职业技术的主要特征是对图像、文字、色彩、版面、图形等表达广告的元素，结合广告媒体的使用特征，在计算机上通过相关设计软件来为实现表达广告目的和意图，所进行平面艺术创意性的一种设计活动或过程。所谓广告设计是指从创意到制作的这个中间过程。广告设计是广告的主题、创意、语言文字、形象、衬托等五个要素构成的组合安排。广告设计的最终目的是通过广告来吸引眼球。

二、广告设计的原则

1. 创新性原则

所谓创新性原则是指广告创意中不能因循守旧、墨守成规，而要勇于标新立异、善于独辟蹊径。创新性的广告具有最大强度的心理突破效果。与众不同的新奇感是引人注目的，且其鲜明的魅力会触发人们强烈的兴趣，能够在受众脑海中留下深刻的印象，长久地被记忆，这一系列心理过程符合广告传达的心理阶梯的目标。

2. 实效性原则

创新性是广告创意的首要原则，但创新不是目的。广告创意能否达到促销的目 的基本上取决于广告信息的传达效率，这就是广告创意的实效性原则，其包括理解性和相关性。理解性即易为广大受众所接受。在进行广告创意时，要善于将各种信息符号元素进行最佳组合，使其具有适度的新颖性和独创性。其关键是在“新颖性”与“可理解性”之间寻找到最佳结合点。而相关性是指广告创意中的意象组合和广告主题内容的内存相关联系。

三、广告设计的策略

1. 企业的广告宣传以群众为对象

群众会被好的广告意念所吸引，历久难忘。因此，企业与广告策划人在策划广告时，先要对群众的生活习惯、民族意识、教育水平、文明认知、情绪感受和喜好厌恶等做出分析和理解。不要只针对一小部分消费者的心理，和过分迁就他们的喜好（特殊情况例外），而忽略了向大多数的群众传达创意。今天的群众，就是各类不同企业的顾客。

所以，一则好的广告意念，会令人激赏，在激赏作用引致情绪高涨的时刻，人的观念与情思意念，会与激赏的事物共鸣契合，原先的主观与偏见，会在短暂时刻中被这种精神现象所支配。这种现象，在你难得与最崇拜的人物相聚时，就容易表现出来。其实很多时候消费者的心理是矛盾的，有时购买了东西也不知道为什么。不能否认，购物行为本身就是一种精神现象，一种情绪的发泄和享受！广告意念创作人，若深明此理，融会贯通，灵活运用，不论身处何地，只要投身生活，在人群中细心观察，敏锐捕捉，好的广告意念便会脱颖而出，源源不绝，取之不尽，用之不竭。

2. 创意来源于生活中的灵感

出色的创意是种因缘契合，灵光一闪，意念便成。反之，就算日思夜想，抓破头颅，也未可得。企业要有独具慧眼的人才，晓得辨别好坏。不要以为凡事多做几次，从中挑选，便有着数。很多时创意灵感如临战阵，要一鼓作气，方为佳作。

3. 精彩凝聚在语言中

一则好的广告标语，是广告成功的要素。意念隽永的广告标语，能一语双关，一面带出企业的形象，一面强调产品的优点。“雀巢味道好极了”可谓一句成名天下知，多年来，企业形象鲜明，深入民心，都有赖这句成功标语历久常新和巨大魅力。

好的意念广告，不一定是为了新奇而新奇，故弄玄虚的。好的意念有时可能会很简单，诚恳、亲切、不夸张，便叫人信服，取得成功。记得十多年前，美国有则小汽车租赁公司的报纸广告，画面有一尾大鱼，一尾小鱼，小鱼快要被大鱼追及吞吃，这时小鱼回头面向观众，很有信心和诚恳地说：“大鱼吃小鱼，本是常见的事，但作为小鱼的我，一定会尽力奋斗，忠诚服务，以争取生存的机会，请你们支持我好吗？我一定不会令你们失望的。”这则广告十分成功，企业越来越大。而这则广告的意念，更成为经典，因为它充分利用了人类的同情和扶弱心理。广告人要了解群众的心理，善于运用情节，看准后只轻轻一击，便可成功。

4. 精诚所至，金石为开

广告的效果，有时是用较长的时间来达成的。不要为第一则广告推出后，没有太大的反应而灰心，因为它可能是为第二则广告推出时，将会造成震撼而部署的。广告设计会随时代的变化而变化，没有固定的形式和法则，既定的学问和方法，只可作借鉴和参考。

8.3.4 广告媒体的选择

广告媒体，也称广告媒介，是广告主与广告接受者之间的连接物质。它是广告宣传必不可少的物质条件。广告媒体并非一成不变，而是随着科学技术的发展而发展。科技的进步，必然使得广告媒体的种类越来越多。

一、可传播的途径

通过报刊、广播、电视、电影、路牌、橱窗、印刷品、霓虹灯等媒介或者形式，在各地刊播、设置、张贴广告。具体包括：

1. 利用报纸、期刊、图书、名录等刊登广告（图 8–2）。

图 8–2 印刷品广告

2. 利用广播、电视、电影、录像、幻灯等播映广告。

【课堂讨论】

想想播放的各类媒体广告，最喜欢什么，不喜欢什么？

3. 利用街道、广场、机场、车站、码头等的建筑物或空间设置路牌、霓虹灯、电子显示牌、橱窗、灯箱、墙壁等广告（图 8–3）。

图 8–3　建筑物上的霓虹灯广告

4. 利用影剧院、体育场（馆）、文化馆、展览馆、宾馆、饭店、游乐场、商场等场所内外设置、张贴广告。有一些特殊地点的设计更是让人过目不忘（图 8–4）。

图 8–4　高速路隧道广告

5. 利用车、船、飞机等交通工具设置、绘制、张贴广告（图 8–5）。

图 8–5　公交车车体广告

6. 通过邮局邮寄各类广告宣传品（图 8–6）。

图 8–6　邮寄印刷广告

7. 利用馈赠实物进行广告宣传（图 8–7）。

图 8–7　纸巾赠品广告

8. 利用其他媒介和形式刊播、设置、张贴广告（图 8–8）。

图 8–8　人偶广告和统一服务着装广告

二、广告媒体的种类及其特性

广告媒体的种类很多，不同类型的媒体有不同的特性。目前比较常用的广告媒体有以下几种：

1. 报纸

报纸这种广告媒体，其优越性表现在：

（1）影响广泛。报纸是传播新闻的重要工具，与人民群众有密切联系，发行量大。

（2）传播迅速。可及时地传递有关经济信息。

（3）简便灵活，制作方便，费用较低；便于剪贴存查。

（4）信赖性强，借助报纸的威信，能提高广告的可信度。

报纸媒体的不足是：

（1）因报纸登载内容庞杂，易分散对广告的注意力；

（2）印刷不精美，吸引力低；

（3）广告时效短，重复性差，只能维持当期的效果。

2. 杂志

杂志以登载各种专门知识为主，是各类专门产品良好的广告媒体。它作为广告媒体，优点有：

(1) 广告宣传对象明确，针对性强，有的放矢；

(2) 因杂志有较长的保存期，读者可以反复查看广告；

(3) 因杂志发行面广，可以扩大广告的宣传区域；

(4) 由于杂志读者一般有较高的文化水平和生活水平，比较容易接受新事物，故利于刊登开拓性广告；

(5) 印刷精美，能较好地反映产品的外观形象，易引起读者注意。

缺点表现在：

(1) 发行周期长，灵活性较差，传播不及时；

(2) 读者较少，传播不广泛。

3. 广播

广播媒体的优越性有：

(1) 传播迅速、及时；

(2) 制作简单，费用较低；

(3) 具有较高的灵活性；

(4) 听众广泛，不论男女老幼、是否识字，均能受其影响。

使用广播做广告的局限性在于：

(1) 时间短促，转瞬即逝，不便记忆；

(2) 有声无形，印象不深；

(3) 不便存查。

4. 电视

电视作为广告媒体虽然在 20 世纪 40 年代才出现，但因其有图文并茂之优势，发展很快，并力胜群芳，成为最重要的广告媒体。

具体说来，电视广告媒体的优点有：

(1) 因电视有形、有色，听视结合，使广告形象、生动、逼真、感染力强；

(2) 由于电视已成为人们文化生活的重要组成部分，收视率较高，使电视广告的宣传范围广，影响面大；

(3) 宣传手法灵活多样，艺术性强。

电视作广告媒体的缺点是：

(1) 时间性强，不易存查；

(2) 制作复杂，费用较高；

(3) 因播放节目繁多，易分散对广告的注意力。

以上四种广告媒体是最常用的，此外，还有一些广告媒体，称其他广告媒体，如互联网、壁图、橱窗、车船、霓虹灯等。特别是互联网，比之所有传统媒体，具有速度快、容量大、范围广、可检索、可复制，以及交互性、导航性、丰富性等优点，发展极为迅速。已有人将报刊、广播、电视称为三大传统媒体，而将互联网称为“第四媒体”。

三、广告媒体的选择

不同的广告媒体有不同的特性，这决定了企业从事广告活动必须对广告媒体进行正确的选择，否则将影响广告效果。正确地选择广告媒体，一般要考虑以下影响因素：

1. 产品的性质

不同性质的产品，有不同的使用价值、使用范围和宣传要求。广告媒体只有适应产品的性质，才能取得较好的广告效果。生产资料和生活资料、高技术产品和一般生活用品、价值较低的产品和高档产品、一次性使用的产品和耐用品等都应采用不同的广告媒体。通常，对高技术产品进行广告宣传，面向专业人员，多选用专业性杂志；而对一般生活用品，则适合选用能直接传播到大众的广告媒体，如广播、电视等。

2. 消费者接触媒体的习惯

选择广告媒体，还要考虑目标市场上消费者接触广告媒体的习惯。一般认为，能使广告信息传到目标市场的媒体是最有效的媒体。如，对儿童用品的广告宣传，宜选电视作其媒体；对妇女用品进行广告宣传，选用妇女喜欢阅读的妇女杂志或电视，其效果较好，也可以在妇女商店布置橱窗或展销。

3. 媒体的传播范围

媒体传播范围的大小直接影响广告信息传播区域的广窄。适合全国各地使用的产品，应以全国性发行的报纸、杂志、广播、电视等作广告媒体；属地方性销售的产品，可通过地方性报刊、电台、电视台、霓虹灯等传播信息。

4. 媒体的费用

各广告媒体的收费标准不同，即使同一种媒体，也因传播范围和影响力的大小而有价格差别。考虑媒体费用，应该注意其相对费用，即考虑广告促销效果。如果使用电视做广告需支付 20 000 元，预计目标市场收视者 2 000 万人，则每千人支付广告费是 1 元；若选用报纸做媒体，费用 10 000 元，预计目标市场收阅者 500 万人，则每千人广告费为 2 元。相比较结果，应选用电视作为广告媒体。总之，要根据广告目标的要求，结合各广告媒体的优缺点，综合考虑上述各影响因素，尽可能选择使用效果好、费用低的广告媒体。

【课堂练习】

单项选择题

儿童智力玩具一般宜选择（　　）作为广告媒介。

A. 报纸　　B. 广播　　C. 电视　　D. 杂志

8.4 公共关系

【引导案例】

35 次紧急电话

一次，一位名叫基泰丝的美国记者，来到日本东京的奥达克余百货公司。她买了一台“索尼”牌唱机，准备作为见面礼，送给住在东京的婆家。售货员彬彬有礼，特地为她挑了一台未启开包装的机子。回到住所，基泰丝开机试用时，却发现该机没有装内件，因而根本无法使用。她不由得火冒三丈，准备第二天一早就去奥达克余公司交涉，并迅速写好了一篇新闻稿，题目是“笑脸背后的真面目”。第二天一早，基泰丝在动身之前，忽然收到“奥达克余”打来的道歉电话。50 分钟以后，一辆汽车赶到她的住处。从车上跳下“奥达克余”的副经理和提着大皮箱的职员。两人一进客厅便俯首鞠躬，表示特来请罪。除了送来一台新的合格的唱机外，又加送蛋糕一盒、毛巾一套和著名唱片一张。接着，副经理又打开记事簿，宣读了一份备忘录。上面记载着公司通宵达旦地纠正这一失误的全部经过。

原来，昨天下午 4 点 30 分清点商品时，售货员发现错将一个空心货样卖给了顾客。她立即报告公司警卫迅速寻找，但为时已迟。此事非同小可。经理接到报告后，马上召集有关人员商议。当时只有两条线索可循，即顾客的名字和她留下的一张“美国快递公司”的名片。据此，奥达克余公司连夜开始了一连串无异于大海捞针的行动：打了 32 次紧急电话，向东京各大宾馆查询，没有结果。再打电话问纽约“美国快递公司”总部，深夜接到回电，得知顾客在美国父母的电话号码。接着又打电话去美国，得知顾客在东京婆家的电话号码。终于弄清了这位顾客在东京期间的住址和电话，这期间的紧急电话，合计 35 次！这一切使基泰丝深受感动。她立即重写了新闻稿，题目叫做“35 次紧急电话”。

奥达克余公司在不到 20 小时的时间内，能够将一起由于自身失误而引发的风波妥善地平息下去，应当说是得力于强烈的公关危机意识和及时的公关举措。千里马也有失蹄之时，由于企业在极其复杂的现实环境中运行，因此，很难对运行中可能发生的各种情况做出完全准确的预见。

8.4.1 公共关系的含义及构成要素

公共关系是指组织为了塑造良好的组织形象而运用双向沟通的传播手段来影响公众的一门管理职能和沟通行为。这个定义揭示了公共关系的本质和公共关系的三个基本要素。

一、公共关系的本质

1. 公共关系是组织的信息传播行为与职能。它是一种实施和控制传播、沟通活动的行为和职能。

2. 公共关系是组织与公众之间双向交流的过程，公共关系不是单向的传播行为，而是双向的传播行为。

3. 公共关系的目的是塑造组织的良好形象。公共关系要运用传播、沟通手段来协调关系、影响舆论、塑造形象、优化环境，追求经济效益和社会效益的统一、组织利益和公众利益的统一。

二、公共关系的构成要素

1. 公共关系的主体——社会组织

社会组织指各种类型的社会群体，它包括政治组织、经济组织、文化组织、军事组织、宗教组织等。这些组织都是公共关系的活动主体。

2. 公共关系的客体——公众

公众是公共关系的对象。因此，又有人把公共关系称作“公众关系”。

【知识加油站】

所谓公众是指与公共关系主体发生联系及相互作用的组织和个人的总和。或者说，公众是指与一个组织机构直接或间接相关的个人、群体和组织。

* 组织的公众可按照公众与组织的相对空间位置分为内部公众和外部公众。内部公众是指组织内部的机构和人员，这类公众和该组织有着最直接、最密切的利益关系。外部公众是指组织内部公众以外，与组织发生直接和间接联系的组织和个人。

* 根据组织与公众关系的密切程度将公众分为非公众、潜在公众、知晓公众、行为公众四种类型。非公众是指那些态度与行为不受该组织的影响，也不影响该组织的公众。潜在公众是指将来可能与组织发生联系的公众，我们常说的“潜在顾客”就属于这类公众。知晓公众是由潜在公众发展而来的公众。即公众已明确意识到自己面临的问题与某个组织有关。行为公众是由知晓公众发展而来的公众。行为公众不仅意识到问题的存在，而且准备或已经采取行动解决问题，从而对组织构成现实的影响。

* 还可以从公众对组织所持的态度把公众划分为顺意公众、独立公众和逆意公众。顺意公众是指其意见和态度与组织的看法一致或基本一致的公众。独立公众是指对组织的政策或行为持中间态度、不表态或态度不明确的公众。逆意公众是指其意见和态度与组织的看法基本相悖的公众。

3. 公共关系的中介——传播

传播是指信息、思想或观念的交流过程，是人与人之间的信息传递与分享。

公共关系传播，指组织利用各种媒介与公众进行沟通，争取理解与信任的过程，是以组织目标为主导的一种双向传播，也是社会组织开展公共关系工作的重要手段。离开了传播，公众无从了解组织，组织也无从了解公众。组织与公众的沟通，在很大程度上依靠信息传播，组织与公众之间的误解，也往往是由于信息不畅造成的。因此，一个社会组织不但要有明确的目标、符合公众利益的政策和措施，还要充分利用传播手段开展公关活动，赢得公众的好感和舆论的支持，获得良好的经济效益和社会效益。

8.4.2 公共关系的职能

公共关系的职能是公共关系在组织中所应发挥的作用和应承担的职责。公共关系的职能从广义上讲，就是调动一切可以调动的力量，运用各种手段，塑造良好的组织形象，赢得良好的生存环境，促进组织的生存与发展，使组织在激烈的竞争中取胜。这里我们从狭义上叙述公共关系的职能。

一、采集信息，监测环境

公共关系首先要发挥收集信息、监测环境的作用，即作为组织的预警系统，通过各种调查研究的方法，收集信息、监视环境、反馈舆论、预测趋势、评估效果，以帮助组织对复杂、多变的公众环境保持高度的敏感性，维持组织与整个社会环境之间的动态平衡。

采集信息是公共关系工作的必要前提，在信息社会中，信息已成为公认的巨大资源。公共关系是信息产业。不采集信息，公共关系就成了无米之炊。因此，无论是内部公共关系还是外部公共关系，任何策划都应从采集信息开始，这样才能做到知彼知己、百战不殆。所谓监测环境，是指观察和预测影响组织目标实现的公众情况和各种社会环境的情况，使组织对环境的发展变化保持清醒的头脑和敏锐的感觉以及灵敏的反应，从而保证科学地塑造组织形象，实现组织目标。

二、咨询建议，参与决策

这是公共关系最有价值的职能， 因此公共关系也称“咨询业”、 “智业”。公共关系的咨询建议就是指组织公共关系人员对本组织内部方针、政策和行动、公共关系战略、经营销售战略和广告宣传战略以及组织生存环境的有关发展变化进行预测和咨询，提供咨询意见，向决策层和各管理部门提供公共关系方面的意见和建议，使决策更加科学化、系统化，并照顾到社会公众的利益。公共关系的咨询建议与采集信息是密切相连的。获取信息是咨询建议的前提，没有足够的信息，一切咨询和建议只能是空谈。采集的信息只有通过向组织提供咨询和建议，才能充分发挥其功能，实现其价值。

三、传播推广，塑造形象

这是公共关系传播与其他传播在目的与技巧方面相比所具有的特殊职能。公共关系的传播、沟通职能主要体现在两个方面：一是组织运用传播、沟通的手段同公众进行双向交流， 赢得公众的信任和支持；二是顺时造势，引导舆论，通过策划新闻、公共关系广告、专题活动等手段，制造声势，提高组织的知名度与美誉度，为组织创造良好的舆论环境，塑造组织的良好形象。

四、协调沟通，平衡利益

公共关系中的协调是在沟通的基础上，经过调整，达到组织与公众互惠互利的和谐发展。协调关系不仅包括组织内部的协调，而且包括组织对外的协调，如组织与政府、社区、消费者等的协调活动。

公共关系是以利益为基础的。组织作为一个开放系统，面对各类公众和各类公众各自的利益要求，组织公共关系要想为组织创造一个良好的内外部环境、协调各种关系，就必须本着真诚互惠的原则首先承认这些利益，然后按公共关系双向对称原则来尽量满足这些利益；当各种利益发生矛盾时，应本着公平对等的原则加以协调、平衡，既不能无视正当要求，也不能厚此薄彼。

五、科学预警，危机管理

组织危机是组织生存发展的大敌，处理不好往往给组织造成重大损失，甚至断送组织的“生命”，因而组织公共关系将危机处理作为公共关系的主要职能和工作重点之一。随着公共关系理论和实践的发展，预测危机、处理危机已成为公共关系对待危机的主流方法，这是组织公共关系的新发展。

8.4.3 公共关系策略

公共关系工作的程序是由美国的公共关系专家伯纳斯总结前人实践经验提出来的，也称“四步工作法”。其内容包括：公共关系调查、公共关系策划、公共关系传播实施和公共关系评估。

一、公共关系调查

公共关系调查是指社会组织根据某种需要，运用科学合理的方法，为准确地搜集有关信息而进行的一种公共关系实务活动。公共关系调查的内容主要包括：社会环境调查、公众调查和组织形象调查。

二、公共关系策划

在完成了调查研究以后，公共关系活动就进入了策划阶段。这是公共关系工作中最富有创意的部分。公共关系策划，就是公共关系人员通过调查研究和综合分析，设计公共关系活动最佳行动方案、制定公共关系计划方案的过程。也就是预先决定做什么、何时做、如何做、谁来做。

公共关系策划的内容包括；

1. 选择公共关系模式

常见的公共关系模式包括：宣传型公共关系、交际型公共关系、服务型公共关系、社会型公共关系、征询型公共关系等。

2. 选择公共关系策略

公共关系策略是指组织根据环境的状况及组织自身的变化，所采取的公共关系行为方式。具体而言，公共关系策略包括以下几种：

(1) 建设型公共关系，是指组织的初创时期，或某一产品、服务刚刚问世的时候，以提高知名度为主要目标的公共关系活动。其常用的手段包括：开业庆典、剪彩活动、新产品发布等。

(2) 维系型公共关系，是指社会组织在稳定、顺利发展的时期，维系组织已享有的声誉，稳定已建立的关系的一种策略。

(3) 防御型公共关系，是指社会组织公共关系可能出现不协调，或者已经出现了不协调，为了防患于未然，组织提前采取或及时采取的以防为主的措施。

(4) 进攻型公共关系，是指社会组织与环境发生某种冲突、摩擦的时候，为了摆脱被动局面，开创新的局面，采取的以攻为守的策略。

(5) 矫正型公共关系，是社会组织公共关系状态严重失调，组织形象受到严重损害时所进行的一系列活动。

【课堂讨论】

本节引导案例“35次紧急电话”使用了什么公共关系策略？

三、公共关系传播实施

公共关系活动以传播活动为主。人们通常把用于传播的工具统称为传播媒介，而把公共关系活动中使用的传播媒介，称为公共关系媒介。公共关系传播借助的媒介可以大体上分为两类：一类是大众传播媒介，在这类媒介中主要使用的是新闻媒介；一类是以人际传播为主的各类媒介。

1. 大众传播媒介

大众传播媒介主要有报纸、杂志、书籍、广播、电视、 电影和互联网。借助大众传播媒介进行公关传播，能迅速、广泛地提高组织的知名度，扩大社会影响。

2. 人际传播媒介

人际传播虽然是人与人之间直接的信息交流，不需要各种中间环节，但方式方法也是多种多样的。一次工作午餐、一场交际舞会，都是一种人际信息传播方式。在公共关系工作中，相当大量的公共关系活动是通过人际传播实现的。在公共关系人际传播中，除去直接交谈这一简单的形式以外，常用的实施媒介主要有：电话，会议展览，专题活动，馈赠纪念品，赞助等。

四、公共关系活动分析评估

所谓公共关系评估就是根据特定的标准，对公共关系计划、实施及效果进行检查、评价，以判断其优劣的过程。它在整个公共关系计划实施过程中都具有重要作用。

【课堂练习】

多项选择题

公共关系促销的主要特点有　　(　　)

A. 高度可信　　B. 直接促销　　C. 新闻效应　　D. 消除戒心

8.5 营业推广

【引导案例】

对比小案例，研究大学问

案例1：某商场在新品上市时，推出一项折价促销：即在促销活动时间内，凡是在该商场购买商品，一律享受8折起优惠。

案例点评：

1. 直接折价最容易引起消费者的注意，能有效地促进他们的购买，相对于比较繁琐的促销让利更能说服消费者。他们需要实实在在的实惠。

2. 对于一些消费者关注度不高的商品效果并不明显。

3. 由于科技的进步，产品同质化比较严重，促销手段雷同，促销效果主要还是依赖品牌的知名度及美誉度来拉动。如果品牌知名度及美誉度不高，哪怕你是最低的价格，消费者也同样不会购买你的商品。

4. 折价促销还要注意时机的把握。如在销售淡季，购买者本就需求不高，相应地还要承担成本问题。如果企业不能合理策划，极有可能会做得虎头蛇尾。

案例 2：凡在本商场选购某款商品，可以 68 元的优惠价购买原价 148 元的商品，而且另加 30 元便可获得会员卡一张。

案例点评：

1. 这是一种与其他营销工具组合应用的双重促销方式，消费者除了购买时能够享受折价的优惠外，稍加一点费用便可获得会员卡一张。

2. 商场采取这种方式的目的，除了加大促销力度外，还可利用机会收集消费者资料，便于展开数据库营销。同时也增加了新客源。

3. 在这个促销中，由于折扣比较大，吸引了很多顾客到店消费，给人一种价格比较低廉的形象。虽然商场损失了部分利润，但拉动了其他商品的销量，挽回了绝大部分的利润损失。

8.5.1 营业推广的概念、作用和局限

一、营业推广的概念

营业推广是一种适宜于短期推销的促销方法，是企业为鼓励购买、销售商品和劳务而采取的除广告、公共关系和人员推销之外的所有企业营销活动的总称。

二、营业推广的作用

1. 可以吸引消费者购买

这是营业推广的首要目的，尤其是在推出新产品或吸引新顾客方面，由于营业推广的刺激作用比较强，较易吸引顾客的注意力，使顾客在了解产品的基础上采取购买行为，也可能使顾客追求某些方面的优惠而使用产品。

2. 可以奖励品牌忠实者

因为营业推广的很多手段，譬如销售奖励、赠券等通常都附带价格上的让步，其直接受惠者大多是经常使用本企业产品的顾客，从而使他们更乐于购买和使用本企业的产品，以巩固本企业产品的市场占有率。

3. 可以实现企业营销目标

这是企业的最终目的。营业推广实际上是企业让利于购买者，它可以使广告宣传的效果得到有力的增强，破坏消费者对其他企业产品的品牌忠诚度，从而达到销售本企业产品的目的。

三、营业推广的局限

1. 影响面较小。它只是广告和人员销售的一种辅助的促销方式。

2. 刺激强烈，但时效较短。它是企业为创造声势获取快速反应的一种短暂促销方式。

3. 顾客容易产生疑虑。过分渲染或长期频繁使用，容易使顾客对卖者产生疑虑，反而对产品或价格的真实性产生怀疑。

8.5.2 营业推广的类型

营业推广按不同的对象可以分为三类：

一、指向消费者

目的是增加消费需求。使已有购买意向的消费者尽快做出购买决定。这主要是通过举办或参加国际旅游展销会或博览会、举行抽奖活动、赠送纪念品等形式实施的。

二、指向中间人

在价格上给予优惠，鼓励中间商大量出售并推销新产品。其主要方式有印制各种促销的小册子，实行销售折扣或价格优惠，举办或参加旅游展览会等。

三、指向本企业推销人员

举办展览会或参加旅游博览会，是直接接触外国旅游商人和潜在游客，面对面开展旅游促销的好机会。旅游促销是一种集中使用美术、摄影、书法、声像、出版、新闻、手工艺品等多种促销手段的综合方式。

【知识加油站】

跨文化营业推广

作为世界上最古老的文明国家，中国有着源远流长的历史、博大精深的文化。例如，高雅华贵的丝绸，清新宜人的茶叶，精美绝伦的中华美食，不可思议的传统中医药，等等。这些凝聚中华文化精华的产品在世界上享有很高的知名度，某些产品深受国外消费者的青睐，在国际市场上占有一席之地。但是，中国的民族特色产品无论是在销售量、市场份额还是价格档次上，都与中华文化在世界上的地位极不相称。

由于民族特色产品的特殊性（浓厚的民族色彩、高度的文化背景），使得这类产品在实施跨文化营销时，难度非常大。因为，无论是产品特性，还是产品功能都很难在短时间内让文化背景迥异的消费者理解并接受。因此，实施民族特色产品的跨文化营销是一个极具挑战性的课题，其风险和收益都很大。一旦成功，经济效益和社会效益都将是难以估量的，尤其是将极大促进本民族文化的传播和推广。反过来，民族文化的传播和推广也能促进其文化产品在国际市场的营销。这是一个互动的过程。美国的快餐和饮料，法国和意大利的时装、化妆品都是很好的例证。一提起可口可乐，就会联想到美国，联想到崇尚自由的美国文化。

8.5.3 营业推广的形式

营业推广包括对消费者进行营业推广、对中间商进行营业推广、对推销人员进行营业推广三种类型，每种类型又有多种形式。企业在营销活动中应根据市场情况、政策、法令、企业性质、商品特点、销售情况等选择适当的营业推广形式。

一、产品陈列和现场表演

在商品销售点或经销点占据有利位置，进行橱窗陈列、货架陈列、流动陈列或进行现场表演等，展示商品性能，打消顾客疑虑。

二、产品展销会、交易会

产品展销会、订货会是不定时或定时、定点举行的应用广泛的营业推广形式。企业可通过展销会、交易会、订货会展示其产品，显示自身的经济实力和贸易水平，洽谈业务，最终按展示的样品达成交易。

三、赠送样品

是通过让顾客试看、试用、试听等方式，使顾客在试用商品的过程中了解效果，传递信息，产生兴趣，引起购买欲望。这类样品可以直接送给顾客，也可回收或折价处理。

四、廉价包装

包装不仅具有保护商品、吸引顾客的功能，而且还有直接的促销作用。企业可以采用简单包装、把小包装换成大包装、除去精美包装等方式，达到降低费用及商品销价的目的，吸引“经济型”顾客。此外，企业还可利用多用途包装、系列包装等，不断吸引顾客，提高重复购买率。

五、有奖销售

有奖销售是采用发给奖券或号码中奖的办法，使顾客在购买时不仅得到产品，而且有额外收获，以此刺激顾客的购买欲望。有奖销售是企业特别是零售商最常用的一种营业推广方式，但必须得到有关部门的批准，要有法律保证，否则，运用不当会成为一种不正当竞争。

六、优惠券

优惠券是企业向潜在顾客或现场购买者发放的优惠购物券，顾客可以凭此券到指定地点减价或优惠购到一定的商品，以此增强相应产品对顾客的吸引力。

【课堂讨论】

所谓折价促销是指通过降低商品价格，以优待顾客的方式促进销售。有人认为此种促销方式可以提高消费者对商品的关注程度，在促进销售方面极为有效。它对短期销量的提升具有立竿见影之效，因此也是常被商家运用的促销手段。当然，也有一些人认为，折价促销会对商品品牌产生极大的杀伤力，会给商家的利润及长期目标造成负面影响。

请依照对折价促销的学习分析此类促销方法的优缺点。

【课堂练习】

单项选择题

企业业务员在闹市向消费者免费赠送样品的促销方式属于 （　　）

A. 广告　　B. 人员推销　　C. 营业推广　　D. 公共关系

【本章小结】

1. 促销即促进销售，是指企业通过人员和非人员的方式，把企业的产品及提供的服务信息传递给顾客，激发顾客的购买欲望，影响和促成顾客购买行为的全部活动的总称。促销活动的实质是一种沟通、激励活动。

2. 促销方式分为人员促销和非人员促销两大类，具体又分为人员推销、广告宣传、公共关系、营业推广四种方式。

3. 人员推销是指企业派人员或委托推销人员，亲自向目标顾客进行介绍、推广宣传或销售。它具有灵活性、选择性、完整性、情感性等特点。其组织形式有区域结构式、产品结构式、顾客结构式和复合结构式等。常用的推销策略有“刺激–反应”策略、“启发–配方”策略、“诱发–满足”策略。

4. 广告宣传是指企业通过一定的媒介物，公开而广泛地向社会介绍企业的营销形势和产品品种、规格、质量、性能、特点、使用方法以及劳务信息的一种宣传方式。企业进行广告宣传，必须科学地设计广告内容和选择广告媒体。

5. 营业推广，又称作销售促进，是指企业在某一特定时期内，采取一些刺激措施，鼓励购买或销售企业产品或服务的促销活动。主要形式有产品陈列和现场表演、产品展销会、交易会、赠送样品、廉价包装、有奖销售、优惠券等。

【本章习题】

一、单项选择题

1. 日用消费品在市场导入阶段，促销效果最佳的方式是 （　　）

A. 广告促销　　B. 人员推销　　C. 营业推广　　D. 会议推销

2. 在市场营销中，能最大限度地刺激销售人员积极性的激励方法是（　　）

A. 固定薪金加奖励　　B. 佣金制　　C. 浮动工资　　D. 固定工资

3. 企业开展公共关系活动的基础是 （　　）

A. 消费者公众　　B. 政府公众　　C. 金融公众　　D. 内部公众

4. 一般来讲，在下列各类营业推广活动中，对消费者较为适宜的是 （　　）

A. 赠送样品和优惠券　　B. 有奖销售和批量折扣

C. 展销会和推销竞赛　　D. 经销津贴和红利提成

5. POP 广告是指 （　　）

A. 产品广告　　B. 促销广告　　C. 价格广告　　D. 售点广告

二、多项选择题

1. 营业推广的形式包括 （　　）

A. 商品降价　　B. 散发宣传材料　　C. 免费使用产品　　D. 有奖销售

2. 人员推销的优点是 （　　）

A. 针对性强　　B. 双向信息沟通

C. 购销关系稳定　　D. 可信度高

3. 促销组合包含的策略有 （ ）

A. 人力推销 B. 广告促销 C. 让价竞销 D. 营业推广

4. 下列营业推广形式中，适合针对中间商的有 （ ）

A. 批量折扣 B. 现金折扣 C. 折扣优惠 D. 现场演示

5. 在广告促销中，常用的三大媒体广告是 （ ）

A. 电视广告 B. 互联网广告 C. 广播广告 D. 报刊广告

三、判断题

1. 促销的实质是企业与消费者或潜在消费者之间的信息沟通，这种沟通是循环和双向式的。 （ ）

2. 营业推广的方式能有效地激发需求，因而长期效益也非常明显。 （ ）

3. 在促销组合的四种方式中，企业的广告宣传对树立企业及产品形象是最为有效的。 （ ）

4. 推销人员运用试探性策略的关键是真正为顾客服务，使顾客产生强烈的信任感。 （ ）

5. 营业推广中的竞赛形式，同时适用于消费者、中间商和推销人员三种对象。 （ ）

四、案例分析题

数码工作坊：是开设在国内主要城市的索尼产品连锁商店。数码工作坊为了给广大消费者提供增值服务，专门设立了会员制，并成为索尼全线产品顾问型销售的新概念店。数码工作坊以贴近用户的方式，为喜爱索尼产品、追求时尚娱乐生活的朋友提供数码新产品的体验和数码解决方案、个性化增值服务和会员活动的场所。

VAIO销售店：以“体验营销”为理念的VAIO销售店展示了VAIO电脑与其他数码产品在不同使用场景中的应用解决方案，同时也给顾客提供了试用、试拍、试摄、试玩等现场体验机会。店内工作人员专业的介绍以及完善的售后服务，为顾客创造了满意舒适的购物体验。

Sony Style中国是索尼（中国）有限公司的官方网站。在这里，您可以尽情体验索尼带来的网络时尚，获取详细的索尼电子产品信息，包括丰富多彩的促销和活动，更有多种产品服务供您选择。在线注册成为Sony Style会员，还可享受索尼为您带来的会员权益、服务和更多惊喜，体验时尚生活的乐趣。

问题：

1. 索尼使用了哪种促销思路？

2. 再举一种生活中常见的与此类一致的案例。

第九章 市场营销战略和管理过程

【学习目标】

* 了解市场营销战略的含义及其特点。
* 掌握市场营销战略的内容和步骤。
* 理解市场营销的管理过程。

9.1 市场营销战略概述

【引导案例】

燕京啤酒的营销发展战略

燕京啤酒1980年建厂，1993年组建集团。燕京啤酒在发展中本着“以情做人、以诚做事、以信经商”的企业经营理念，截至2009年末经过29年快速、健康的发展，已经成为中国最大的啤酒企业集团之一。2009年啤酒产销量达17亿万千升，进入世界啤酒产销量前八名。2009年，在全球金融危机的影响下，燕京啤酒不仅没有亏损，反而保持了10%以上的增长率。燕京啤酒为什么能够逆势而上，丝毫不为金融危机所累呢？燕京啤酒集团党委副书记丁广学告诉《新营销》记者：“燕京啤酒把营销看作大营销，不只是在‘卖’燕京啤酒，更重要的是‘培育’燕京啤酒品牌。”

渠道创新

当年，“胡同送酒”的渠道策略曾经让燕京啤酒走出计划经济的藩篱，打开了北京市场。谈起当年丁广学不胜感叹：“当时我们买了2000辆三轮车和20辆翻斗车，把啤酒直接送到对方的厂里。一边与新的合作伙伴签订合同，一边仍然把烟酒公司作为主渠道。近几年我们致力于产品的细化和销售渠道的细化，不断适应市场变化的需要，让消费者感到快捷和方便。”

资源整合

在金融危机肆虐之时，燕京啤酒对自己的市场、产品和品牌进行了整合，削去弱枝残叶，培育优势力量。燕京啤酒在原有品种的基础上，推出了纯生啤酒、无醇啤酒、优级啤酒、冰啤等，既给消费者提供了更多的选择，也给自己带来了可观的回报。在品牌整合方面，燕京啤酒采用了“1+3”品牌结构，即：以燕京为主品牌，同时培育漓泉、惠泉、雪鹿3个区域性优势品牌。

区域扩张

近几年，燕京啤酒凭借品牌优势加快了扩张步伐，将国内一批知名啤酒企业纳入麾下，使燕京啤酒的市场份额迅速扩大，品牌影响力稳步提升。目前，燕京啤酒已拥有北京、广西、福建、内蒙古、湖北五大优势市场。

奥运营销

2008年北京奥运会，吸引世人眼球的不只是赛场上运动员之间的激烈比赛，还有众多企业、品牌争奇斗艳的体育营销秀。燕京啤酒意识到这是百年难得一遇的机会，充分调动资源，创造机会，最终成为2008年北京奥运会国内啤酒赞助商。

战略是确定企业长远发展目标，并指出实现长远目标的策略和途径。战略确定的目标，必须与企业的宗旨和使命相吻合。战略是一种思想，一种思维方法，也是一种分析工具和一种较长远和整体的计划规划。基于企业既定的战略目标，在向市场转化的过程中必须关注客户需求的确定、市场机会的分析、自身优势的分析、自身劣势的反思、市场竞争因素的考虑、可能存在的问题预测、团队的培养和提升等综合因素，最终确定出增长型、防御型、扭转型、综合型市场营销战略，作为指导企业将既定战略向市场转化的方向和准则。对现代企业而言，营销战略往往是其公司战略的核心内容。现代企业所处的经营环境是动态化的环境，它一方面不断地给企业带来发展的机会和条件；另一方面也在不断地给企业的生存带来威胁与挑战。企业要想求得生存和发展，就必须树立战略观念，对环境的变化做积极和正确的反应。

【知识加油站】

战略的含义及演变

在我国，战略一词自古就有，先是“战”与“略”分别使用，“战”指战斗、交通和战争，“略”指筹略、策略、计划。《左传》和《史记》中已使用“战略”一词，西晋史学家司马彪曾有以“战略”为名的著述。唐代诗人高适的《高常侍集二·自淇涉黄河途中》

有这样的诗句："当时无战略，此地即边戍。"这里，战略一词意为作战之谋略。明代军事家茅元仪编有《武备志》，其中第二部分为《二十一史战略考》。战略的含义大致指对战事的谋划。到了清代末年，北洋陆军督练处于1906年编出我国第一部《军语》，把"战略"解释为"筹划军国之方略也"。

西方战略管理文献中没有对"战略"的统一的定义。"战略"一词源于希腊语"Stratgos"，意为军事将领或地方行政长官。579年，东罗马皇帝毛莱斯用拉丁文写了一本名为"Stratejicon"的书，有人认为它是西方第一本战略著作。另有一种说法认为具有战略含义的概念首次出现于法国人颉尔特1772年写的《战术通论》，该书提出"大战术"与"小战术"的概念，"大战术"相当于今天所说的战略。

一、市场营销战略的含义和特点

市场营销战略（Marketing Strategy）是指企业在现代市场营销观念下，为实现其经营目标，对一定时期内市场营销发展的总体设想和规划。市场营销战略首先是企业实现目标的一种手段，制定营销战略必须始终围绕企业成长与发展目标来进行。其次，它是一种竞争手段，是企业在市场竞争中克敌制胜的重要武器，因而市场营销战略应有针对性，应在充分研究竞争对手特点的基础上来制定。再次，营销战略的制定是一个动态过程，需要在辨识、选择市场机会的过程中不断地调查、修正。与具体的营销战术相比，市场营销战略有以下特点：

1. 全局性

营销战略体现企业全局的发展需要和根本利益，关系到企业兴衰命运，所以带有全局性的特点。

2. 长期性

营销战略从当前企业现状和市场环境出发，着眼于未来，指导和影响未来较长时期内企业的生产经营活动。因此，制定营销战略时必须有远见，能预测市场的长期发展变化态势，才能在竞争中立于不败之地。例如：美国摩托罗拉电子公司早在20世纪80年代制定经营战略时，就预测到彩电行业的竞争会日益激烈，从而果断决策逐步甩掉其彩电生产线，全力投入无线通讯产品的开发，因此才获得当今世界无线通讯行业龙头老大的地位。

3. 未来性

俗话说："人无远虑，必有近忧。"从国家的角度来看，今天我们面临的许多积重难返的问题，正是过去缺乏战略考虑的结果。从企业发展的角度来看，企业今天的行动是为了执行昨天的战略，企业今天制定的战略正是为了明天更好地行动，因此企业战略的拟定要着眼于企业未来的生存和发展。当然，未来要以当前作为出发点，未来发展趋势的预测也要以企业的过去和现在作为依据，作为企业领导者要高瞻远瞩，面向未来，只有这样才能使企业营销战略具有未来性。

4. 系统性

市场营销战略是关于企业经营活动的总体部署，体现着企业高、中、低各个层次的发展要求。因而制定营销战略时，需要通盘考虑，统筹规划，系统地安排各职能部门的业务活动。

5. 适应性

市场营销战略必须与不断变化的市场环境相适应。营销战略的制定不是一蹴而就的，需要经常性地修改、调整。这是因为，在市场竞争日益激烈的今天，市场营销环境瞬息万变，企业面对的机会与威胁在不断地演变转换，原有营销战略不合时宜成为经常性的现象，对过时营销战略的及时修正便十分必要。

6. 风险性

市场营销战略是对未来事务的规划，它只能建立在企业对未来市场状况预测的基础之上。而市场状况错综复杂，变化无常，使得预测成为一项充满风险的行为。一旦预测失误，可能会导致企业一败涂地，万劫难复。因此，企业当局在制定营销战略时，必须经过充分细致的市场调研，征求各方面的意见，慎之又慎。

7. 竞争性

制定企业营销战略的目的是在激烈竞争中壮大自己的实力，使本企业在与竞争对手争夺市场和资源的斗争中占有相对优势。因此，企业营销战略就是针对来自环境及竞争对手等各方面的冲击、压力、威胁和困难，为迎接这些挑战而制定的长期行动方案。它与那些不考虑竞争、挑战而单纯以改善企业现状、增加经济效益、提高管理水平为目的的行动方案不同，只有当这些工作与强化企业竞争力量和迎接挑战直接相关时，才能构成营销战略的内容，营销战略就是在激烈的竞争与严峻的挑战中生存并发展起来，因此企业必须使自己的营销战略具有竞争性特征，以保证自己战胜竞争对手，保证自己的生存和发展。

8. 相对稳定性

营销战略必须在一定时期内具有稳定性，才能在企业营销实践中具有指导意义，如果朝令夕改，就会使企业经营发生混乱，从而给企业带来损失。当然企业营销实践又是一个动态过程，指导企业营销实践的战略也应该是动态的，以适应外部环境的多变性。但从总体上看，企业营销战略应具有相对稳定性。

二、市场营销战略的内容和步骤

1. 市场营销战略的内容

从内容来看，企业营销战略一般包括以下几个方面的关键内容：

(1) 公司使命

公司使命表达的是有关公司存在价值和意义之类的一些基本的、根本性的问题。

(2) 公司目标

公司使命必须转化成各个管理层次和部门的具体目标。最常见的目标有盈利、销售增长、市场份额扩大、风险分散以及创新等。为了便于采用，组织目标应具备层次化、数量化、现实性和协调性等条件。

(3) 公司业务组合战略

公司战略必须明确建立、扩大、维持、收缩和淘汰哪些业务。规划公司业务组合的一个有用步骤是识别和区分公司的战略业务单位，并对所有战略业务单位的盈利潜力进行评价。

一般来说，战略业务单位应满足以下诸条件：

①它是一项业务或几项相关业务的集合；

②它有一个明确的任务；

③它有自己的竞争对手；

④它有一个专门负责的经理；

⑤它由一个或多个计划单位和职能单位组成；

⑥它能够从战略计划中获得利益；

⑦它能够独立于其他业务单位自主地制订计划。

至于战略业务单位的评价方法，比较著名的有波士顿咨询公司的成长-份额矩阵，以及通用电气公司的多因素业务经营组合矩阵。

(4) 新业务战略

一个公司不仅要管理好现有的业务，而且还要考虑通过发展新业务，实现公司的成长，有三种成长战略可供公司选择。

一是密集型成长战略，即在公司现有的业务领域寻找发展机会。有三种途径可以实现密集型成长：市场渗透战略（设法在现有市场上增加现有产品的市场份额），市场开发战略（为公司现有产品寻找新市场）；产品开发战略（开发新产品）。

二是一体化成长战略，即建立或并购与目前业务有关的业务。一体化包括纵向一体化（又可以区分为前向一体化和后向一体化）及横向一体化。其中，前向一体化就是通过兼并和收购若干个处于生产经营环节下游的企业实现公司的扩张和成长，如制造企业收购批发商和零售商。后向一体化则是通过收购一个或若干个供应商以增加盈利或加强控制，如汽车制造公司对零部件制造商的兼并与收购。横向一体化就是对竞争对手的兼并与收购。

三是多角化成长战略，即寻找与公司目前业务范围无关的富有吸引力的新业务。多角化成长战略包括同心多角化（开发与公司现有产品线的技术或营销有协同关系的新产品）、水平多角化（研究开发能满足现有顾客需要的新产品）以及集团多角化（开发与公司现有技术、产品和市场都毫无关系的新业务）。

2. 制定市场营销战略的步骤

(1) 分析市场环境

首先是分析企业所处环境的情况，如政治、经济、文化等方面，这在企业准备进入国际市场时显得尤为重要。比如烟草行业，如果想将卷烟出口到海外市场，就必须先要了解该国对烟草产品的政策，如关税水平、配额数量、该国消费水平和消费习惯、对烟草制品的特殊规定以及主要的竞争对手情况。只有深入了解了企业所处的环境，企业才能做出正确的战略选择。比如中国烟民主要的吸食习惯是烤烟型的，对混合型不能立刻接受，那么外国烟草在向中国出口卷烟时，必须在配方上进行调整，以适应大多数中国人的口味。

(2) 评估企业的机会与障碍

企业必须寻找特定的市场营销机会，来指导营销战略的制定。在市场营销战略制定过程中，评估企业机会和障碍会涉及对企业情况的分析，包括分析企业的经济状况、消费者情况和其他外部环境因素。首先，我们要根据企业市场营销能力来检查企业的优势和劣势，同时，对过去的企业经营成果以及市场营销的优势、劣势进行评价。其次，要进行销售和管理的成本研究。最后，预测企业的销量。通过分析，企业才会发现所希望的竞争优势、革新技术和获得新市场的机会以及可能遇到的障碍。

(3) 瞄准目标市场

所谓目标市场，是指企业进行市场细分之后，拟选定进入并为之服务的子市场。企业通过将整个市场划分为若干个子市场，并对各子市场的需求差异加以区分，选择其中一个或几个子市场作为目标市场，开发适销对路的产品，开发相应的市场营销组合，以满足目标市场的需要。

企业在选择目标市场的过程中会受到一些因素的影响，这些因素包括：消费者的经济水平、生活方式等等。例如，老年消费者与青年消费者相比，他们对卷烟的吸味、价格、包装有着不同的要求，也就形成了不同的细分市场，而且每一个细分市场对企业的市场营销反应是不同的，所以对所有的细分市场不能总是用同一种市场营销方法，每一个重要的细分市场都应制定特定的市场营销战略，因此，确定哪些细分市场可以进行对制定企业营销战略是非常重要的。

(4) 确定资源的分配水平

在选择目标市场和产品项目时，必须考虑有限的资源分配。一般来说，实现市场目标的经营活动决定了所需各种资源的水平。显然，占领细分市场要花费比较多的成本。但是，可以利用的各种资源又是有限的，不仅财务、生产能力是有限的，而且人力资源、供应能力也是有限的。在这种情况下，目标市场重要性的大小直接影响到企业的决定。如果是一个重要的目标市场，尽管它消耗很多的资源，企业也会选择它。但是，如果需要大量市场营销资源的是一个次要目标市场，它就会被淘汰。为了对竞争对手的行动做出迅速的反应，在选定目标市场后还需要选择一些战略方案，不紧急的计划或可以延期执行的计划都可以暂时放弃。

(5) 选择整体战略

企业的营销战略就是企业管理层对如下关键业务问题的答案：究竟是建立单业务组合还是建立多元化业务组合（如英美烟草将非烟业务剥离和菲莫的多角化战略）？究竟是满足广泛范围的顾客需求还是聚焦于某一个特定的小市场（如推出只针对女性吸烟者的卷烟）？究竟是将企业的竞争优势建立于低成本之上，还是建立于产品质量的优越性上？究竟覆盖多大面积的地理区域（国际化的战略）？如何对新市场和环境做出反应（如跨国烟草通常是以出口卷烟打入新兴市场，一旦条件成熟，立刻实施本地化战略）？因此，市场营销战略实际上反映了公司管理者所作的各种选择，表明这家公司将要致力于某些特定的产品、市场、竞争策略。

(6) 确定市场营销组合

企业的市场营销计划是为实现企业的市场营销战略而制定的行动方案，它比较复杂又具有综合性，涉及产品、分销、促销、价格四个重要因素，这四个大因素被称为市场营销组合因素。企业的市场营销战略正是通过这些组合来加以体现和贯彻。

【课堂讨论】

几年以来，Eye Mo 在香港地区的滴眼剂领域中始终保持着领先地位，在消费者调查中，Eye Mo 一直是名列第一的品牌，并且拥有最高的广告知晓度。不过，作为市场领导者也面临着一些挑战。

过去两年的销售额显示整个滴眼剂市场规模呈现缩减趋势，与此同时，品牌的增长也进入停滞期。此外，消费者调查数据显示，最经常使用 Eye Mo 的是 30~39 岁年龄组的人，恰好是属于上一代滴眼剂的使用者。年龄在 20~29 岁的白领女性中电脑与互联网的重度频繁使用者被认为是最经常使用滴眼剂的人，但这些人却更喜欢竞争品牌的年轻形象。

公司对 20~29 岁的年轻白领女性进行了调查，以了解她们的消费习惯。调查主要从三方面进行。

首先，她们关心什么？调查显示，对她们中的大多数人来说，一个典型的工作意味着至少在办公室待 8 小时，并且长时间在电脑前、日光灯下工作，她们通常感到眼睛疲劳和发痒，而几滴滴眼剂可以缓解这些症状，不过她们通常认为这是无关紧要的小毛病，一忍了之。令她们无法忍受的是不好的个人形象和不受人欢迎。

其次，跟她们交流的最有效的方式是什么？数据表明，现有的网上活动中，电子邮件的使用率是 100%，并且一些聊天工具的使用也比较广泛。

最后，她们是如何使用媒体的？对 Eye Mo 的目标受众来说，互联网和电子邮件不仅仅是为了完成工作进行信息搜索的工具，也是获取许多乐趣和相关资讯的渠道。

在以上调查的基础上，公司决定针对目标受众的特点制定一个促销方案，该方案的目标是：将营销的重点转移到经常使用滴眼剂的人群；创造出使用滴眼剂的必要性的驱动力；转化 Eye Mo 品牌形象以吸引年轻的用户，非常需要维护长期顾客关系。

请结合上述有关材料帮助企业制定营销组合策略。

一套完整的市场营销战略往往关系到这个企业的生死存亡。营销战略是基于企业既定的战略目标，在向市场转化过程中必须关注客户需求的确定、市场机会的分析、自身优势的分析、自身劣势的反思、市场竞争因素的考虑、可能存在的问题预测、团队的培养和提升等综合因素，最终确定出增长型、防御型、扭转型、综合型的市场营销战略，作为指导企业将既定战略向市场转化的方向和准则。

【课堂练习】

多项选择题

从战略内容来看，企业战略一般包括以下（　　）方面的关键内容。

A. 公司使命　　B. 公司目标　　C. 公司业务组合战略　　D. 新业务战略

9.2 市场营销管理过程

【引导案例】

TTK 公司是英国一家著名的化妆品公司，该公司近期开发出了一种适合东方女性需求特点的具有抗衰老功效的系列化妆品，并在多个国家获得了专利保护。营销部经理初步分析了亚洲各国和地区的情况，首选中国作为目标市场。为迅速掌握中国市场的情况，公司派人员来中国进行实地调研。调查显示，中国市场需求量大，购买力强，且没有同类产品竞争。在调查基础上又按年龄层次将中国女性化妆品市场划分为15~18岁、18~25岁（婚前）、25~35岁及35岁以上四个子市场，并选择了其中最大的一个子市场进行重点开发。

该公司进行市场细分的细分变量主要是什么？

其他可供选择的变量还有哪些？

根据中国市场的特点，公司选择最大的子市场应该是哪个？为什么？

一、市场营销管理过程的含义

企业市场营销管理过程是市场营销管理的内容和程序的体现，是指企业为达到自身的目标辨别、分析、选择和发展市场营销机会，规划、执行和控制市场营销活动的全过程。

二、市场营销管理的步骤

通过市场营销管理这个过程使企业的活动与外界环境的发展变化相适应，在不断的调节过程中发展壮大自己。企业市场营销管理过程包含着下列五个相互紧密联系的步骤：

1. 分析企业市场机会

现代市场营销学认为，哪里有消费者的需求，哪里就有市场机会。消费者的需求是广泛存在的，市场机会也可以说是随处可见的。所谓市场机会是指市场上所存在的尚未满足或尚未完全满足的需求。它包括由于经济、人文、自然、科技等环境变化客观形成的市场机会。如能源危机引起了对新能源的需求；优生优育，独生子女增多，引起对高档儿童用品的需求等等。

企业营销人员不仅应该善于通过发现消费者现实的和潜在的需求，寻找各种“环境机会”，而且应通过对各种“环境机会”的评估，寻找和确定对本企业最适当的“企业机会”。

2. 研究与选择目标市场

对市场机会进行评估后，企业要做进入市场的准备。进入哪个市场或者某个市场的哪个部分，涉及企业目标市场的选择。营销活动实践证明，市场细分是企业选择目标市场的有效手段和方法。

3. 制定战略性营销规划

企业在制定战略性营销规划时，重要工作是找出对本企业造成最大威胁和能产生最大机会的环境因素，以制定相应的战略和策略。

企业战略性营销分析中，流行一种简便易行的“SWOT”分析法。学习时要弄清其含义及特点。

【知识加油站】

SWOT分析法又称态势分析法。早在20世纪80年代初由旧金山大学的管理学教授提出来，SWOT分析法是一种能够较客观而准确地分析和研究一个单位现实情况的方法。

“S”指企业内部的能力（Strengths），

"W" 指企业的薄弱点 (Weaknesses),

"O" 表示来自企业外部的机会 (Opportunities),

"T" 表示企业面临的外部威胁 (Threats)。

一般来说，分析企业的内外部状况通常是从这几个方面入手的。在运用"SWOT"分析法研究企业的战略性营销规划时，就要从这四个方面中寻找与企业战略性营销密切相关的主要因素，而不是把所有关于企业能力、薄弱环节、外部机会与威胁等逐项列出和汇集。

【课堂讨论】

沃尔玛 (Wal-Mart) SWOT 分析

优势 Strengths

沃尔玛是著名的零售业品牌，它以物美价廉、货物众多和一站式购物而闻名。沃尔玛的销售额在近年内有明显增长，并且在全球化的范围内进行扩张 (例如，它收购了英国的零售商 ASDA)。

沃尔玛的一个核心竞争力是由先进的信息技术所支持的国际化物流系统。例如，在该系统支持下，每一件商品在全国范围内的每一间卖场的运输、销售、储存等物流信息都可以清晰地看到。信息技术同时也加强了沃尔玛高效的采购过程。

沃尔玛的一个焦点战略是人力资源的开发和管理。优秀的人才是沃尔玛在商业上成功的关键因素，为此沃尔玛投入时间和金钱对优秀员工进行培训并建立忠诚度。

劣势 Weaknesses

沃尔玛建立了世界上最大的零售帝国。尽管它在信息技术上拥有优势，但因为其巨大的业务拓展，这可能导致对某些领域的控制力不够强。因为沃尔玛的商品涵盖了服装、食品等多个部门，它可能在适应性上比起更加专注于某一领域的竞争对手存在劣势。该公司是全球化的，但是目前只开拓了少数几个国家的市场。

机会 Opportunities

采取收购、合并或者战略联盟的方式与其他国际零售商合作，专注于欧洲或者大中华区等特定市场。

沃尔玛的卖场当前只开设在在少数几个国家内。因此，拓展市场 (如中国，印度) 可以带来大量的机会。

沃尔玛可以通过新的商场地点和商场形式来获得市场开发的机会。更接近消费者的商场和建立在购物中心内部的商店可以使过去仅仅是大型超市的经营方式变得多样化。

沃尔玛的机会存在于对现有大型超市战略的坚持。

威胁 Threats

沃尔玛在零售业的领头羊地位使其成为所有竞争对手的赶超目标。

沃尔玛的全球化战略使其可能在其业务国家遇到政治上的问题。

多种消费品的成本趋向下降，原因是制造成本的降低。造成制造成本降低的主要原因是生产外包向了世界上的低成本地区。这导致了价格竞争，并在一些领域内造成了通货紧缩。恶性价格竞争是一个威胁。

4. 规划与执行市场营销策略

企业市场营销管理过程中，规划与执行市场营销策略是关键性的、大量的工作。市场营销策略的制定体现在市场营销组合上。

市场营销组合指的是企业在选定的目标市场上，综合考虑环境、能力、竞争状况对企业自身可以控制的因素加以最佳组合和运用，以完成企业的目的与任务。

企业可控制的因素很多，为了分析和运用，一般将其概括为四大类，即产品（Product）、价格（Price）、地点（Place）和销售促进（Promotion），按英文字头简称“4P”。

市场营销组合是为实现企业战略与战略性营销规划的营销策略，它具体谋划企业为实现总的战略目标所采用的手段、方法和行动方案，以贯彻战略思想。“4P”中的每一个方面的因素都是这个组合体的一部分，不可分割开来。

随着市场营销学研究的不断深入，市场营销组合的内容也在发生着变化，如“4P”发展为“6P”（即增加权力和公共关系）。近年又有人提出了以“4C”（顾客需求与欲望、购买成本、便利、沟通）为主要内容的作为企业营销策略的市场营销组合。即针对产品策略，提出应更关注顾客的需求与欲望；针对价格策略，提出应重点考虑顾客为得到某项商品或服务所愿意付出的代价；并强调促销过程应是一个与顾客保持双向沟通的过程。

5. 实施市场营销控制

市场营销控制是对企业总体战略、战略性营销规划及各项具体策略的执行过程的监测与管理。

（1）企业战略与战略性营销规划的控制，主要是了解、检查企业的目标、任务及发展战略与市场营销环境是否适应。

（2）具体营销策略的控制包含很多内容，主要是考察产品、价格、渠道、促销诸方面管理的有效性。

【课堂练习】

思考：市场营销管理的步骤包括哪些？

【本章小结】

1. 市场营销战略是指企业在现代市场营销观念下，为实现其经营目标，对一定时期内市场营销发展的总体设想和规划。其特点包括：①全局性；②长期性；③未来性；④系统性；⑤适应性；⑥风险性；⑦竞争性；⑧相对稳定性。

2. 市场营销战略的内容及步骤，内容包括：①公司使命；②公司目标；③公司业务组合战略；④新业务战略。步骤包括：①分析市场环境；②评估企业的机会与障碍；③瞄准目标市场；④确定资源的分配水平；⑤选择整体战略；⑥确定市场营销组合。

3. 企业市场营销管理过程是市场营销管理的内容和程序的体现，是指企业为达到自身的目标辨别、分析、选择和发展市场营销机会，规划、执行和控制企业营销活动的全过程。企业市场营销管理过程包含着下列五个相互紧密联系的步骤：①分析企业市场机会；

②研究与选择目标市场；③制定战略性营销规划；④规划与执行市场营销策略；⑤实施市场营销控制。

【本章习题】

一、单项选择题

1. 市场营销战略必须与不断变化的市场环境相适应，体现了市场营销战略有 （　　）

A. 长期性　　B. 适应性　　C. 未来性　　D. 系统性

2. 公司使命表达的是有关公司（　　）和意义之类的一些基本的、根本性的问题。

A. 发展趋势　　B. 内在价值　　C. 利益　　D. 存在价值

3. 企业战略性营销分析中，流行一种简便易行的“SWOT”分析法。其中“O”是指 （　　）

A. 企业内部的能力　　B. 企业的薄弱点

C. 来自企业外部的机会　　D. 企业面临的外部威胁

4.（　　）是对企业总体战略、战略性营销规划及各项具体策略的执行过程的监测与管理。

A. 直接营销环境和间接营销环境　　B. 规划与执行市场营销策略

C. 分析企业市场机会　　D. 市场营销控制

5. 制定营销战略时，需要通盘考虑，统筹规划，系统地安排各职能部门的业务活动，体现了市场营销战略有 （　　）

A. 长期性　　B. 适应性　　C. 未来性　　D. 系统性

二、多项选择题

1. 公司目标中最常见的目标包括 （　　）

A. 盈利　　B. 销售增长　　C. 市场份额扩大

D. 风险分散　　E. 创新

2. 新业务战略中有三种可供公司选择的成长战略，包括 （　　）

A. 密集型成长战略　　B. 一体化成长战略

C. 多角化成长战略　　D. 分散型成长战略

E. 单一型成长战略

3. 市场营销组合因素四个大因素包括 （　　）

A. 产品　　B. 分销　　C. 促销

D. 价格　　E. 质量

4. 企业可控制的因素很多，为了分析和运用，一般将其概括为四大类，即 4P，包括 （　　）

A. 产品　　B. 价格　　C. 地点

D. 销售促进　　E. 市场

5. 企业市场营销管理过程包含的步骤是 （　　）

A. 分析企业市场机会　　B. 研究与选择目标市场

C. 制定战略性营销规划　　　　　　D. 规划与执行市场营销策略

E. 实施市场营销控制

三、判断题

1. 企业战略性营销 “SWOT” 分析法中 “S” 是指企业的薄弱点。（　）

2. 企业必须使自己的营销战略具有竞争性特征，以保证自己战胜竞争对手，保证自己的生存和发展。（　）

3. 一体化成长战略，即建立或并购与目前业务有关的业务。包括纵向一体化战略、横向一体化战略及纵深一体化战略。（　）

4. 市场营销控制是对企业总体战略、战略性营销规划及各项具体策略的执行过程的监测与管理。（　）

5. 市场营销组合指的是企业在选定的目标市场上，综合考虑环境、能力、竞争状况对企业自身可以控制的因素加以最佳组合和运用，以完成企业的目的与任务。（　）

四、案例简析

天坛牌电线在香港市场上的崛起

北京电线厂生产的天坛牌电线，由于产品的质量优良，在国内市场享有一定声誉。但是在走向国际市场时却遭到挫折，北京电线厂的电线无论是结构、性能还是价格、成本等都无法与英国、日本、新加坡等国家的电线相比。原因何在？北京电线厂专门组织了调查组，到香港进行广泛、深入的市场调查，分析香港市场畅销产品的特点，得出结论：北京电线厂的电线在香港市场滞销的原因，不是产品质量低劣，而是从生产到销售，都缺乏以“顾客为中心”的观念。具体表现在以下几个方面：电线表面过分光亮、塑料护套太“结实”、绝缘层与保护层粘连、提供的服务差。根据上述调查，北京电线厂对自己的产品和营销策略进行了全面整改。改进后的天坛牌电线很快地从小批量生产发展为大批量生产，源源不断地运销香港市场。

请问：

1. 天坛牌电线在香港市场上崛起的原因是什么？

2. 可供选择的市场调研方法有哪几种？案例中该工厂采用的是哪一种？这种方法有何优缺点？

参考答案

第一章

1.1 引导案例参考答案：优秀的营销是创造需求。

[课堂练习] 参考答案：B

1.2 引导案例参考答案： 营销策略组合中每个都用到相应的方法，并且多样而见效。

[课堂练习] 参考答案：产品（Product）、价格（Price）、地点（Place）和促销(Promotion)。这四种营销策略的组合，因其英语的第一个字母都为“P”，所以通常也称之为“4P”。

1.3 [引导案例] 参考答案：寻求新的营销方式，与时俱进。

[课堂练习] 参考答案：A D E

[本章习题] 答案

一、单选题

1. D 2. D 3. A 4. B 5. B

二、多选题

1. ABC 2. ABD 3. ABCD 4. ABC 5. ABD

三、判断题

1. √ 2. × 3. × 4. × 5. ×

四、案例分析题

分析提示：该公司市场观念由推销观念向市场营销观念转变。市场营销观念认为：消费者需要什么产品，企业就应当生产和销售什么产品，换言之就是：能卖什么，就生产什么。

第二章

2.1 [引导案例] 参考答案：在中国，媒体都是政府的窗口，依据就是对中国政策和对中国现阶段市场的了解程度！ “知己知彼，方能百战百胜”。

[课堂练习] 参考答案： AC

2.2 [引导案例] 参考答案：在中国的消费市场里，不论是书籍还是网络服务，不了解中国人的消费心理，一味强调“洋范儿”，一味强调“接轨”，注定要被这个巨大的市场退货。

[课堂练习] 参考答案：ACD

2.3 [引导案例] 参考答案：是由于东道国（加拿大）和母国（美国）政治和法律环境的冲突造成的。法律环境是由政治环境衍生而来的，国际营销人员应当结合政治环境研究法律环境。

[课堂练习] 参考答案：ABCD

2.4 [引导案例] 参考答案：该捕鼠器公司以生产观念为指导，不考虑消费者的需求，自以为是，闭门造车是导致其失败的根本原因，正确的做法应是以消费者为中心，以市场需求为导向，在市场调查的基础上，考虑消费者的愿望和需要。

[课堂练习] 参考答案：ABCD

[本章习题] 答案

一、单选题

1. A　2. B　3. A　4. B　5. B

二、多选题

1. BCD　2. ABCD　3. ABCD　4. ABC　5. ABCD

三、判断题

1. ×　2. ×　3. √　4. √　5. √

四、案例分析题

分析提示：1. 海尔在诸多“沙尘暴经济”中是一个较为成功和经典的案例，这种新产品一经推出便热销市场。2. 市场上“不是有效需求不足，而是有效供给不足”，只有那些做到充分满足用户个性化需求的企业才能取得市场的主动权。

第三章

3.1 [课堂练习] 参考答案：D

3.2 [引导案例] 参考答案：该电厂在绩效评价中未注意到这个差别，得出的结论有片面性。李宾未认识到该电厂在绩效评价中使用了不同标准，使本公司产品蒙受“委屈”并丧失了销售机会。

[课堂练习] 参考答案：见正文 3.2.1

[本章习题] 答案

一、单选题

1. A　2. C　3. D　4. D　5. B

二、多选题

1. ABD　2. ABD　3. BC　4. ABCD　5. ACD

三、判断题

1. √　2. ×　3. √　4. √　5. ×

四、案例题

分析提示：从杭州市民的生活方式和饮食习惯方面，结合狗不理包子的特点来分析。

第四章

4.1 ［引导案例］参考答案：作为传统香烟的替代品，公司选择的目标市场太宽泛了，而且在其营销组合策略中，产品和促销都存在问题，产品虽然有明显的优点但对吸烟者本人却没有什么利益，而促销的说明书又太长，“洁净者之烟”的广告主题缺乏个性。

［课堂练习］参考答案：C

4.2 ［引导案例］参考答案：找到市场的空白领域，并把它作为目标市场。

［课堂练习］参考答案：A

4.3 ［课堂练习］参考答案：C

［本章习题］答案

一、单选题

1. A　2. D　3. C　4. B　5. C

二、多选题

1. ABCD　2. ABCD　3. BC　4. BCD　5. ACE

三、判断题

1. ×　2. ×　3. ×　4. √　5. ×

四、案例分析题

分析提示：口味的柔和和女性化的外形设计限制了消费者群体的扩大；粗犷的形象定位迎合了美国男性的心理需求。

第五章

5.1 ［课堂练习］参考答案：A

5.2 ［课堂练习］参考答案：C

5.3 ［课堂练习］参考答案：C

5.4 ［课堂练习］参考答案：B

5.5 ［课堂练习］参考答案：见书 5.5.3

［本章习题］答案

一、单选题

1. C　2. C　3. B　4. D　5. B

二、多选题

1. ABCD　2. BCD　3. BC　4. ABD　5. BCD

三、判断题

1. ×　2. √　3. ×　4. ×　5. ×

四、案例分析题

分析提示：

1. 核心产品：消费者购买产品时所追求的利益。本案例中，小张买车是为了方便出行。

2. 形式产品：产品的具体形式，如质量、外观、特色、品牌、包装等。本案例中，小张买车时考虑了质量、做工、品牌、性能、外观等。

3. 延伸产品：购买有形产品时，所获得的全部附加服务与利益。如送货、售后服务、安装、信贷等。本案例中，小张买车时主要考虑了优惠贷款、维修方便和价格低廉的售后服务。

第六章

6.1 ［课堂练习］参考答案：C

6.2 ［引导案例］参考答案：（1）由于各个制造商在产品方面没有太大的差异，只有通过降价的方式才能吸引顾客，这样必然会爆发价格战。（2）当对价格敏感的市场饱和以后再降价就没有多大效果了。（3）所以我国彩电行业未来要加大在研究开发方面的投入，加快新产品开发的速度，增强售后服务水平，这样才能打造核心竞争力。

［课堂练习］参考答案：B

6.3 ［引导案例］参考答案：应当根据定价考虑因素以及定价程序进行分析。

［课堂练习］参考答案：A

［本章习题］答案

一、单选题

1. A　2. B　3. C　4. C　5. A

二、多选题

1. ABCD　2. AD　3. AB　4. ABCD　5. ACD

三、判断题

1. ×　2. √　3. √　4. √　5. √

四、案例分析题

差别定价法是根据同种产品或劳务因条件变化而产生的需求强度差异来制定价格，是一种较为灵活的定价方法。

第七章

7.1 ［课堂练习］参考答案：C

7.2 ［引导案例］参考答案：

分析：1. 从胶片类产品的价值、产品的时尚性、产品的易毁性、产品的体积与重量、产品的技术与服务要求、产品的季节性、产品的生命周期、产品的用途等分析营销渠道策略；2. 提出完善措施。

［课堂练习］参考答案：D

［本章习题］答案

一、单选题

1. D　2. C　3. B　4. B　5. C

二、多选题

1. BC　2. AD　3. ABD　4. ABC　5. ABC

三、判断题

1. × 2. × 3. √ 4. × 5. ×

四、案例分析题

分析提示：评估渠道成员的目的是及时掌握情况，发现问题，以便更有针对性地对不同类型的中间商开展激励和推动工作，提高渠道的效率。

第八章

8.1 ［课堂练习］参考答案：D

8.2 ［课堂练习］参考答案： A

8.3 ［课堂练习］参考答案：C

8.4 ［课堂练习］参考答案：ACD

8.5 ［课堂练习］参考答案：C

［本章习题］答案

一、单选题

1. A 2. A 3. D 4. A 5. D

二、多选题

1. CD 2. ABC 3. ABD 4 ABC 5. ACD

三、判断题

1. √ 2. × 3. × 4. × 5. ×

四、案例分析题

分析提示：（1）体验营销是通过看（See）、听（Hear）、用（Use）、参与(Participate)等手段，充分刺激和调动消费者的感官（Sense）、情感（Feel）、思考（Think）、行动(Act)、关联（Relate）等感性因素和理性因素，重新定义、设计的一种思考方式的营销方法。（2）你如何理解一杯咖啡的价值？当咖啡被当成“货物”贩卖时，一磅卖 300 元；当其加入了服务，在咖啡店中贩卖时，一杯都要几十元。这就是体验的力量。

第九章

9.1 ［课堂练习］参考答案：ABCD

9.2 ［引导案例］参考答案：女性年龄层，其他可供选择的变量有产品是否抗衰老、性别、地区、生活习惯、社会阶层等。

［课堂练习］参考答案：1. 分析企业市场机会；2. 研究与选择目标市场；3. 制定战略性营销规划；4. 规划与执行市场营销策略；5. 实施市场营销控制。

［本章习题］答案

一、单选题

1. B 2. D 3. C 4. D 5. D

二、多选题

1. ABCDE 2. ABC 3. ABCD 4. ABCD 5. ABCDE

三、判断题

1. × 2. √ 3. × 4. √ 5. √

四、案例分析题

分析提示：

(1) 天坛牌电线崛起的原因是能够及时了解目标市场动向，及时调整自己的产品和营销策略，树立了“以顾客为中心”观念，从而符合市场需求，获得了成功。

(2) 市场调研的方法有以下几种：1. 文献调查法；2. 询问调查法；3. 观察调查法；4. 试验调查法。本文用的是观察调查法，该方法具有直观性、客观性、易操作等优点，但是受人员、经费的限制，花费成本较大。

参考文献

[1] 菲利普·科特勒.营销管理.13版.北京：中国人民大学出版社，2011.
[2] 郭国庆.现代市场营销学. 北京：清华大学出版社，2008.
[3] 张雁白.市场营销学概论. 北京：经济科学出版社，2010.
[4] 万后芬.市场营销教学案例. 北京：高等教育出版社，2003.
[5] 郭国庆.市场营销学. 北京：中国人民大学出版社，2011.
[6] 罗绍明.市场营销基础. 北京：科学出版社，2010.
[7] 王艳霞.公共关系实务. 北京：科学出版社，2013.
[8] 潘永梅.市场营销实务. 北京：北京师范大学出版社，2010.
[9] 王淑荣.推销技能训练. 北京：科学出版社，200.
[10] 魏全斌.商务礼仪. 北京：北京师范大学出版社，2010.
[11] 孔祥法.现代推销实务. 北京：北京师范大学出版社，2010.
[12] 冯金祥.市场营销知识习题集.2版. 北京：高等教育出版社，2010.
[13] 周梅华.市场营销教学案例.徐州：中国矿业大学出版社，2003.
[14] 袁月秋.市场营销. 北京：机械工业出版社，2011.
[15] 姜永辉.危机公关——苏泊尔的一次超越.中国营销导刊，2005（20）：84-86.
[16] 王维龙.创新有道 品牌为本.中国营销导刊，2010（17）：39.
[17] 孙全胜.创新的风险.新营销，2010（5）：2.
[18] 莫振宇.买下一个未来.东方企业家，2010（5）：91-92.
[19] 黄攀，网络广告点击率的影响因素分析.学术论丛，2009（22）：32.
[20] pwaqiqp37328，百度文库：市场营销策划案例经典大全.http://wenku.baidu.com/view/e72f7fd1c1c708a1284a444a.html